我国海外工程项目跨文化管理研究
（第二版）

Research on Cross-cultural Management of Overseas Engineering Projects

彭绪娟 著

西南财经大学出版社
SOUTHWESTERN UNIVERSITY OF FINANCE & ECONOMICS PRESS

图书在版编目(CIP)数据

我国海外工程项目跨文化管理研究/彭绪娟著.—2版.—成都:西南财经大学出版社,2015.3(2024.8重印)
ISBN 978 - 7 - 5504 - 1692 - 5

Ⅰ.①我…　Ⅱ.①彭…　Ⅲ.①对外承包—承包工程—跨文化管理—研究—中国　Ⅳ.①F752.68

中国版本图书馆 CIP 数据核字(2014)第 287813 号

我国海外工程项目跨文化管理研究(第二版)
Woguo Haiwai Gongcheng Xiangmu Kuawenhua Guanli Yanjiu(Dierban)

彭绪娟　著

责任编辑:张　岚
封面设计:大　涛　张姗姗
责任印制:封俊川

出版发行	西南财经大学出版社(四川省成都市光华村街55号)
网　　址	http://www.bookcj.com
电子邮件	bookcj@ foxmail.com
邮政编码	610074
电　　话	028 - 87353785　87352368
照　　排	四川胜翔数码印务设计有限公司
印　　刷	北京业和印务有限公司
成品尺寸	148mm×210mm
印　　张	6.75
字　　数	160 千字
版　　次	2015 年 3 月第 2 版
印　　次	2024 年 8 月第 3 次印刷
印　　数	1— 3000 册
书　　号	ISBN 978 - 7 - 5504 - 1692 - 5
定　　价	40.50 元

摘　要

　　近几年来，随着国家"走出去"战略的大力实施，越来越多的工程企业在海外承揽项目，进行管理和经营。各国宗教信仰、风俗习惯、思维方式、法律制度、语言文字、沟通方式等的不同，以及文化的刚性，造成了中外文化之间的差异，并由此导致文化冲突与文化风险，致使项目组织沟通不畅、管理效率下降、经营成本增加，甚至受到东道国国民的抵制，给项目经营带来巨大风险，以致造成项目经营的失败。文化冲突和文化风险成为困扰我国海外工程项目的一个难题。

　　如何有效地解决文化差异带来的矛盾，规避文化风险，实现跨文化融合，从而顺利完成项目，是国际经济界与工程界新兴的一个课题，这方面的著述还不是很多，也没有形成一套成熟的理论模式。本书作者对我国海外工程项目经营状况经过几年持续不断的关注和研究，并翻阅了大量跨文化管理方面的资料，力图对这一问题作一探讨。

　　跨文化适应理论为研究海外工程项目跨文化管理提供了理

论基础。海外工程项目作为境外项目，因其开放性、社会化等特点，及其与东道国的广泛交往，具有跨文化适应的可能性。同时，海外工程项目具备跨文化适应的内在机制，通过对外交往、通过从大众传媒学习等过程，克服文化障碍，调整项目的管理模式与运行方式，能够从团队文化、人力资源、组织沟通与领导决策四个维度上，经历探索、冲突、交汇、融合四个阶段，达到与异文化的整合与协同，从而显著提高其对东道国文化模式的认知、选择与接受能力，及与当地社会交往的能力。

复杂自适应系统（CAS）理论是本书研究海外工程项目跨文化管理的另一个理论依据。该理论认为，系统是复杂的，是由许多平行发生作用的、具有主动性和适应性的个体所组成的网络。系统具有预期反应机制和从属于适应主体的环境创造机制。系统中的个体能够与环境、其他个体进行交流，在交流过程中学习或积累经验，不断进行着演化发展，并根据学到的经验改变自身的结构和行为方式。各个底层个体通过相互间的交流，可以在上一层次、在整体层次上涌现出新的结构、现象和更复杂的行为，从而实现系统在整体层面上与外部环境的适应。同时，系统的适应和演化存在着聚集、非线性、流、多样性、标识、内部模型、构筑块七个维度的特征。这一理论为研究海外工程项目的跨文化管理提供了崭新的视角。基于 CAS 理论，海外工程项目是一个复杂自适应系统，项目员工的主动性与创造性是其跨文化适应的内在动因，与外界环境的交互作用是其外在动因。正是基于内外动因的交互作用，海外工程项目不断地实现着内部要素的学习、适应与自组织，同时与外部环境进行着物质、能量、人才与信息的交互作用，不断地演化发展，从而实现跨文化适应与融合。CAS 理论在海外工程项目跨文化管理中的应用，拓宽了跨文化管理研究的视角。

结合上面两个理论，本书构建了我国海外工程项目跨文化管理的模型与机制：从跨文化适应的四个维度——团队文化、人力资源、组织沟通、领导决策——详细分析了海外工程项目跨文化经营中的问题，提出了跨文化管理的途径与策略，形成了海外工程项目跨文化适应的内部管理机制；从与东道国、母国政府、母国本部的交互作用与协调适应上，构建我国海外工程项目跨文化适应的外部协调机制。

第一，海外工程项目作为一个复杂自适应系统，是由大量的具有自身特点与习惯、思维方式等相互作用的中外员工组成的。项目员工能够与其他员工进行学习、交流与适应，融入所处的环境，在这种持续不断的交互作用中，不断吸取教训、积累经验，并据此改进自身的思维方式与工作习惯。这种员工与环境的交互作用是海外工程项目实现跨文化适应的智能基础。因此，海外工程项目要高度重视人力资源的培训与激励，提高员工的自我认知能力和责任感，更好地发挥其主动性、创造性。

第二，海外工程项目内中外员工之间及其与环境的交流与学习，离不开正确的领导。尤其是在跨文化经营的复杂环境下，文化差异与文化风险影响着项目的方方面面。只有形成一个坚强的领导核心，建立科学的领导决策机制，制定正确的项目发展战略与各项规章制度，充分调动全体员工的积极性，通过员工参与管理，增强项目的灵活性和弹性，减少决策在时间与空间上的滞后，才能够达到项目的和谐发展，实现经营目标。因此，领导决策机制是海外工程项目跨文化适应的关键。

第三，在跨文化环境下，海外工程项目的团队文化是母国与东道国文化差异与文化冲突的焦点，具有双头分布的特点：一方面不同文化之间的矛盾与冲突导致项目经营的巨大风险；另一方面文化的多样性使得海外项目团队具有更强的创新与学习能力，给项目带来潜在的发展机遇。项目团队文化既是项目与外在环境交互作用、不断学习适应的结果，又是海外工程项目与环境进一步协同进化的有力指导。所以对不同文化进行整合，形成一种新的与东道国文化协同发展的团队文化，乃是海外工程项目实现跨文化适应的核心。

第四，海外工程项目的短期性、临时性与跨文化的特点，决定了组织沟通是其面临的最大障碍：一方面，项目组织结构相对松散，内部约束较弱；另一方面，文化因素干扰着沟通的各个渠道与各个阶段，造成员工之间怀有成见、种族中心主义和缺乏共感。只有根据项目的特点建立一种能够充分调动员工积极性，发挥其学习、适应与自组织能力的项目组织结构模式，克服跨文化沟通中的各种障碍，才能达到海外工程项目的跨文化适应。因而顺畅有序的组织沟通是实现跨文化适应的有效途径。

第五，海外工程项目是一个复杂自适应系统，具有从属于适应主体的环境创造机制，具有永恒的新奇性。它与东道国、母国政府、母国本部之间在物质、能量、信息与人才等方面发生着交互作用，不断调整自己的组织结构和行为方式，以适应外部环境。同时，海外工程项目的发展，也影响着外部环境的变化。海外工程项目正是在这种动态之中持续不断地实现着与外界环境的协调与适应。本书从东道国、母国政府、母国本部三方面分析了达到海外工程项目跨文化适应的保障机制。

在上述跨文化管理机制的基础上，本书结合大连国际苏里南项目的跨文化经营情况、项目初期面临的中苏文化差异与冲突及其采取的应对措施，从实证的角度对本书主要观点进行了分析与验证，也为我国海外工程项目跨文化管理提供了经验借鉴。

最后，本书从理论和实践两个方面，对海外工程项目跨文化管理的研究方向作了展望：复杂自适应理论与跨文化适应的结合，将更趋完善缜密，对海外工程项目跨文化管理实践更具指导意义，应用也将更加广泛。

关键词：海外工程项目，文化，跨文化管理，跨文化适应理论，复杂自适应系统理论

摘
要

in order to accomplish the project successfully is a newly rising subject in international economic and engineering circles. However, there is few writing and compiling from this aspect, and there is no mature theory model either. This dissertation tries to explore this question further through the continuously noticing and researching as well as the materials in the aspect of cross－cultural management in great numbers.

The cross－cultural adaptation theory offers the theoretical basis for the cross－cultural management of the researching of overseas engineering projects. The overseas engineering projects as an overseas settler has the cross－cultural possibility due to its characteristics of openness, socialization and the frequent communication with the host countries. At the same time, the overseas engineering projects have the inner mechanism of cross－culture adaptation. This mechanism can overcome the cultural barrier, adjust the management model and operation mode of the projects to reach the reorganization and harmonization of different cultures from the four dimensions of team cultures, human resources, organization communication and leadership decision through the four stages of exploration, conflict, confluence and integration.

Complex adaptive system theory is another theoretical basis of this thesis concerning the researching of cross－cultural management of overseas engineering projects. This theory claims that system is complex, is a net composed by many individuals that are parallel function occurs, that have activeness and adaptability. This system has expectation reaction mechanism and environment creation mechanism which belongs to the adaptable subject. The individuals in this system can communicate with environment and other individuals, they can learn and accumulate experiences and with the gradual evolution and development they can change the inner structure and behavior manner by using the experiences they got. Every bottom – layer individual can form new structure; phenomenon and more complex behavior on the upper layer and on the whole layer in order to make the system realize the adaptation in the whole layer and outer environment through intercommunication. At the same time, the adaptation and evolution of the system have seven dimension features: aggregation, nonlinear, flow, diversity, marking, internal model and constructing block. This theory offers completely new viewpoint for the researching cross – cultural management of overseas engineering projects. Based on complex adaptive system, overseas engineering projects is a complex adaptive system, the activeness and creativity of its staff is the internal agent of cultural adaptation, the inter – effect with outer environment is its outer agent. Just due to the interaction of its inter and outer agents, the overseas engineering projects are gradually realizing the study of inter elements, adaptation and self – organization; they are also transferring the material, energy, talents and information with the outer environment in order to realize the cross – cultural adaptation and integration. The application of complex adaptive system in the cross – cultural management of overseas engineering projects widens the extension of cross – cultural management researching.

Combined with the upper two theories, this dissertation constructs the cross – cultural management model and mechanism of our country's overseas engineering projects; it analyzes the problems of overseas engineering projects in cross – cultural management from the four dimension of cultural adaptation – – – team culture human resources, organizing communication and leadership decision, it also raises the methods and strategy of cross — cultural management with the forming of the inner mechanism of the cross — cultural adaptation for overseas engineering projects; it constructs the outer adjusting mechanism for our country's overseas engineering projects through the interaction and adjusting mechanism with the host countries, home country governments, home country headquarters.

Firstly, overseas engineering project as a complex adaptive system is composed with a great number of Chinese and foreign staff who have their own characteristics, habits and thinking methods, etc. These project staff is able to learn, communicate and accumulate experiences with other staff in the working environment and they can improve their thinking methods and working habits. The interaction between staff and environment is the intelligent basis of the realization of cross — cultural adaptation for overseas engineering projects. There — fore, the overseas engineering projects should pay high attention on the training and encouragement of human resources, as well on the self — cognation and responsibility of the staff in order to exert their activeness and creativeness.

Secondly, the communication and study between the Chinese and foreign staff in the overseas engineering projects cannot go smoothly without the right leadership, especially the cultural differences and cultural risks are influencing every aspects under the complex environment of cross — cultural management. The overseas engineering projects, only with the forming of a strong leadership core, constructing the right leadership decision and making right project development strategy and every regulation, and arousing the activeness of the staff, can reach the harmonious development. So, leadership decision mechanism id the key of cross — cultural adaptation for the overseas engineering projects.

Thirdly, the team culture of overseas engineering projects, which has the characteristics of double – head distribution: one is the contradiction and conflict of different cultures lead to the great risk of project management; another is the diversity of culture makes the overseas engineering project have stronger ability of initiation and learning, and brings the projects potential developing chances, is the focus of cultural differences and cultural conflicts of the home countries and the host countries. The team culture is not only the interaction of projects and outer environment but the result of gradual learning and even the forceful direction of further co – evolution for overseas engineering project and environment. So, for the integration of different cultures, the newly forming team culture along with the host country co – evolution is the core of the realization of cross – cultural management for overseas engineering project.

Fourthly, the overseas engineering projects' characteristics of are short – time, temporariness and cross – culture decides that organizing communication is the greatest barrier: one aspect, the project organizing structure is relatively loose and the inner constraints is weak; the other aspect, cultural elements disturb every channel and every stage of communication, and lead to the prejudice, racial centralism and deficiency in common sense among the staff. It can reach the cross – cultural adaptation of overseas engineering projects by only constructing a project organizing model of full arousing the activeness of the staff, exerting the ability of learning, adaptation and self – organization and overcoming all barriers in cross – cultural communication. Thus, properly ordered organizing communication is the effective method to realize cross – cultural adaptation.

Abstract

我
国
海
外
工
程
项
目
跨
文
化
管
理
研
究

Fifthly, the overseas engineering project is a complex and adjusted system, subject to the environmental creative mechanism adapted to the main body, and eternal newness. It has interaction with host countries, home country governments and the headquarters of home country in the aspect of material, energy, information and talents. And it keeps adjusting its organizing system and way of operation to adapt itself to the outside environment. At the same time, the development of the overseas engineering project also influences the change of outside world, in which state it continuously realizes the adjustment and adaptation with the outside atmosphere. The thesis analyzes the mechanism ensuring of the cross － cultural adaptation of the overseas engineering project in the perspective of the host countries, home country governments and headquarters of the native country.

Based on the cross － cultural management mechanism mentioned above, this dissertation, combined with the cross － cultural managing status, the Sino － Soviet cultural differences and conflicts at the beginning of the project and the coping measures they took of Dalian International Suriname Project, makes a specific analysis and verification on the main viewpoints of this paper from an evident angle and thus provides reference experiences for the cross － cultural management of overseas engineering projects in our country.

Finally, the dissertation makes the expectation for the researching direction of overseas engineering project's cross － cultural management from the aspects of theory and practice. The combination of complex self － adaptation theory and cross － cultural adaptation will become more perfect, it also has the guiding significance and it will be applied widely.

Key words: overseas engineering projects, culture, cross −
cultural management, cross − cultural adapta-
tion theory, complex adaptive systerm theory

1

绪　论

1.1　研究背景与研究意义

1.1.1　研究的背景

（1）国际工程承包业的迅速发展

随着经济全球化的发展，建设工程市场日益走向国际化，国际工程项目也逐步兴盛起来。这些项目从项目的咨询、融资、采购、承包、管理到培训等各个阶段的参与者来自多个国家，并且采用国际通用的管理模式进行管理。在当今国际工程承包市场，高附加值、高技术含量、综合性项目逐渐增多，BT（建设—转让）、EPC（设计—采购—建设）、BOT（建设—运营—转让）、DDB（开发—设计—建设）、DBFM（设计—建设—融资—设施经营）、PDBFM（采购—设计—建设—融资—设施经营）等承包模式日益复杂化、多样化，出资结构日益多元化，带资承包已成为普遍现象，经营管理日趋规范和完善。据工程新闻记录（Engineering News Record）杂志统计，1999 年世界主要 150 个国家和地区的建筑业投资规模是 3.5 万亿美元，2003 年世界主要的 150 个国家和地区的建筑业投资规模达到 4.5 万亿美元，1999—2003 年全球工程建设市场保持着 5.1% 的年均增长率，据此推算，2010 年全球建设支出将达到约 5.74 万亿美元。[①] 同时，据该杂志统计的历年全球最大 225 家国际工程承包商总营业额来看，全球 225 强国际工程承包商的总营业额得到了较大的增加（见表 1-1）。

---

① 刘玉杰. 国际工程承包战略管理研究［D］. 天津：天津大学，2006.

表 1 - 1　全球最大 225 家国际工程承包商历年营业额及行业分布

年代	全球营业额（亿美元）	工业（%）	房建（%）	交通运输（%）	电力（%）	环保（%）	电信（%）	其他（%）
1996	1050.3	36.2	23.5	18.6	8.2	7.5	-	6
1997	1268.3	36.4	21.8	15.3	9.6	6.1	-	10.8
1998	1102.2	39	23.6	17.6	7.3	6.9	-	5.5
1999	1163.9	35.5	26	20.9	6	6.6	-	5
2000	1186.8	35.7	29.3	17.6	6.1	5.2	-	-
2001	1159	31.3	31.4	20	7.4	2.9	-	7
2002	1064.6	28.7	28.3	23.7	7.0	1.6	1.6	10.6
2003	1165	29.2	28.7	24.7	6.9	1.7	1.6	7.3
2004	1398.2	27.4	25.4	27.5	6.8	1.7	1.4	9.9
2005	1674.9	26.6	24.8	26.3	6.0	2.4	1.2	12.6
2006	2244.3	28.6	26.5	26.3	0.4	1.6	1.3	9.3

注：工业包括制造业、工业、石油化工三类，供水项目含在其他类别中。

资料来源：工程新闻记录（1996—2006 年）。

　　我国真正进入国际工程承包市场是从 20 世纪 80 年代初开始的。如今，我国的国际工程承包事业得到了蓬勃发展，已成功打入亚、非、欧、美、大洋洲等国际市场并初步形成了多元化格局。截至 2007 年底，我国对外承包工程累计完成营业额 2064 亿美元，签订合同额 3295 亿美元，仅上半年就新签合同额 311 亿美元，增长 35%，累计派出各类劳务人员 419 万人；大项目快速增多，承揽上亿美元的大项目达到 155 个；已有 46 家企业进入世界最大 225 家国际承包商行列。① 海外工程项目遍及 180

多个国家和地区，合作领域已从过去的以土木工程等劳动密集型项目为主，拓展到冶金、石化、电力、轨道交通等资金技术密集领域。历年营业额、合同额见表1-2。

表1-2　　　　　　中国历年国际工程承包统计表

年代	合同份数（个）	合同额（亿美元）	营业额（亿美元）
1990	920	21.25	16.44
1991	1171	25.24	19.70
1992	1164	52.50	24.03
1993	1393	51.89	36.68
1994	1702	60.28	48.83
1995	1558	74.84	51.08
1996	1634	77.28	58.02
1997	2085	85.16	60.36
1998	2322	92.43	77.69
1999	2527	101.99	85.22
2000	2597	117.19	83.79
2001	5836	130.39	88.99
2002	4036	150.55	111.94
2003	3708	176.67	138.37
2004	—	238.4	174.7
2005	—	296	217.6
2006	—	660	300

资料来源：中国统计年鉴（2006）。

从总量上看，我国已经进入国际工程承包世界前六强行列，成为世界重要的国际工程承包国和对外劳务输出国。在海外承揽的国际工程项目成为我国实施"走出去"战略的重要内容,对促进国民经济发展和扩大对外开放发挥着日益重要的作用。

(2)文化差异成为导致海外项目经营失败的重要因素

海外工程项目中,由于其员工来自不同的国家,缺乏共同的文化基础,而存在着不同的价值观念、伦理道德、风俗习惯、思维方式和行为方式等文化差异。这些文化差异的存在,同时又由于沟通的障碍,人们难以准确解释和评价从另一种文化中传来的信息,难以准确理解对方的意图,因而以自己的文化价值和标准去解释和判断其他文化群体的民族中心主义普遍存在,这就降低了沟通的速度和效率,增加了跨文化交流的难度和风险,造成了文化冲突现象。

文化冲突(Culture Shock)亦称"文化震荡",就是指不同形态的文化或其文化因素之间相互对立、相互排斥的过程,即在新的不同的文化中由于必须学习和对付一系列新的文化暗示和期望,同时又发现自己文化中的那一套不适用或行不通时所经受的总体创伤。[①] 文化冲突表现为组织中人际关系的紧张、管理失效、沟通中断、交易失败,甚至是一些非理性的反应,威胁项目运作的效率和效果。而文化冲突得不到妥善解决,又进一步引发了种族优越感风险、管理风险、沟通风险、商务惯例风险、感性认识风险等文化风险。这些风险如果不能及时化解和排除,就会导致海外工程项目经营的失败,如图1-1所示。

---

① 闫方涛.中国企业跨文化管理问题研究[D].上海:华东师范大学,2007.

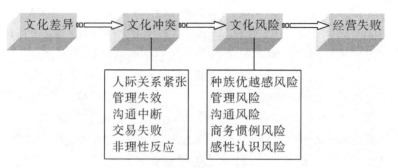

图1-1　文化差异导致海外工程项目经营失败

资料来源：纪莉. 跨文化管理中的文化适应过程与模式研究 [D]. 大连：大连海事大学，2005：8.

实践证明，文化差异是许多海外工程项目无法与东道国市场实施国际合作，甚至受到东道国的抵制而无法立足的主要原因之一。因为一种特定的文化一经形成，即具有了相对稳定性和独立性，要是别国的管理模式移植进来，它不会像单纯的技术引进那样很快被吸收，而是要经过一段排斥和交融的过程。文化差异促成了文化冲突和文化风险，而文化冲突和文化风险的存在，又使海外项目不能以积极和高效的组织形象去迎接市场竞争，在竞争中往往处于被动地位，以致造成经营失败。

（3）跨文化管理的兴起

随着国际工程承包市场的不断开拓以及海外项目的发展，克服异质文化所带来的文化差异与文化冲突，实施跨文化条件下的有效管理，已成为企业界和管理学界共同关注的问题。20世纪70年代后期，建立在"文化人"人性假设之上的文化管理理论得到了蓬勃发展。文化管理理论在发展中出现两个分支：一支研究管理哲学上的差异，即企业文化研究；另一支则是研究文化背景的差异，即跨文化管理研究。跨文化管理的思潮逐步兴盛起来。跨文化管理是文化管理理论的重要组成部分，也是企业文化基本理论逐步深化的结果。它能预期宏观的国家文化对企业经济活动的影响，是对先前管理理念的深化和发展，也是时代发展的必然选择。现今，经济与文化的关系日益密切，两者相辅相成，共同推动着社会的发展：一方面，经济活动都是建立在一定的文化氛围中，以一定的文化样式进行的；另一方面，文化又是经济发展的推动力和润滑剂。海外工程项目不仅需要产权纽带，还需要精神、道德方面的纽带。只有形成共同的价值观、企业精神和行为规范，才能把海外项目内部每个人的力量凝聚起来，也才能对生产、经营、管理等企业的经济活动产生积极作用。

综上，本书基于以上三方面的背景，探讨我国海外工程项目中的跨文化管理，以期在建筑市场日益国际化、跨文化管理思潮日益兴起的当今社会，针对企业中由文化差异而导致项目经营失败，甚至对国际市场望而却步，无法融入世界经济一体化浪潮的突出现实问题，探寻缓解文化差异、实现跨文化和谐的管理策略，从而为我国海外工程项目的顺利实施提供一点可供借鉴的思路和建议。

1.1.2 研究的意义

（1）理论意义

本书以跨文化适应理论和复杂自适应系统理论为基础，对我国海外工程项目的跨文化管理问题进行研究。其理论意义如下：

①归纳了文化冲突与文化风险的内涵

本书从文化的构成、特性入手，结合我国海外工程项目的经营状况，系统分析了文化冲突的成因、表现及其给海外工程项目带来的文化风险和消极影响。这对于海外项目在异文化条件下的经营具有重要的镜鉴意义。

②拓展了跨文化适应理论在实践中的应用

该理论认为，跨文化适应是一个艰难的成长过程，在这一过程中，居留者要面对风俗习惯、生活方式不同的压力，还要经历对价值观念和思维方式的质疑。同时，跨文化适应不是一个难以逾越的过程，而是一种学习过程，一个从较低到较高的自我和文化意识的进步过程。居留者要经历探索、冲突、交汇、融合四个阶段，达到与异文化的适应。本书论证了这一理论在海外工程项目管理中的适用性，提出海外项目要从团队文化、人力资源、组织沟通、领导决策四个维度上进行协调与整合，以缓解文化冲突带来的矛盾，尽快提高海外项目在新文化中的行为能力，达到与异文化的融合。

③拓宽了跨文化管理的研究视角

复杂自适应系统理论是人类在认识世界方法论方面的一个进步，为人们认识、理解、控制、管理复杂系统提出了新的思路。本书将这一理论应用到海外工程项目跨文化管理研究中，拓宽了跨文化研究的视角。根据复杂自适应（CAS）理论，海外工程项目也是一个复杂自适应系统，系统中的主体具有学习、适应和自组织的能力，能够与其他主体、外界环境发生交互作用，根据环境的变化不断学习，调整自身，最后适应，在此基础上实现了系统整体的适应。

④提出了跨文化管理的理论模型

本书实现了跨文化适应理论与复杂自适应系统理论在实践中的结合，建立了理论研究模型：海外项目中的团队文化、人力资源、组织沟通与领导机制这四个维度不断地交互作用，实现着系统中主体的不断演化与适应；同时，海外项目又与东道国、母国政府、母国本部之间进行着物质、能量、人才、信息的交流，不断改进和适应新的环境，达到融合。在此基础上，本书提出了海外工程项目实现跨文化适应的内部管理机制和外部协调机制：人力资源是跨文化适应的基础，团队文化是核心，组织沟通是途径，领导机制是关键，外部协调是保障，详细论述了各自的特点、模式与发展机制，从跨文化适应与复杂自适应的角度为我国海外工程项目的跨文化管理指出了方向。

（2）现实意义

①有利于降低项目经营成本

从项目经营的角度来看，海外工程项目要在东道国从事生产活动需要下列成本：进入市场的信息成本、谈判费用、缔约成本、履约成本和仲裁成本，还需要面临额外的文化差异成本与跨文化交易费用，如培训成本、努力成本、时间成本、注意力成本以及文化沟通费用等。跨文化管理围绕宏观的国家文化对组织管理的影响展开研究，明晰了国家文化与组织机构、人力资源和战略运营的联系，通过建立一套有效的跨文化沟通与管理机制，减少文化培训、文化沟通等费用。因此，从经济学角度看，跨文化管理可以帮助海外工程项目减少文化差异成本与跨文化交易费用。

②有利于开拓项目海外市场

海外工程项目在东道国的经营，受到本土政治、经济、文化等方方面面的影响。项目要想稳固地占领市场，并发展壮大，就必须克服文化障碍，融入本土文化。通过跨文化管理，海外工程项目能够了解国外用户的文化价值观及审美观等，以及对于其他文化的关注和敏感，可以据此调整管理方式与管理风格去适应国外市场，达到与异文化的协同。这一方面能够得到东道国政府和人民的认可，与当地的企业开展广泛的经济合作；另一方面可以在东道国发展壮大，扩大海外市场。随着经济全球化的发展，企业全球经营的时代到来了。跨国企业无不重视文化因素，在经营的各个方面考虑当地文化的特色并从中寻找商机。

③有利于改进项目组织架构

跨文化管理可促使管理者意识到文化对项目组织架构的深层次影响，从而吸取外来文化的精髓，有意地去逐步完善组织结构。相对来说，西方国家强调平等的理念比东方国家要强一些，人们从内心深处感到人与人之间的平等。组织扁平化的概念最早从西方而不是东方提出就可以看出其文化价值系统的影响。比较美国的企业与中国或者日本的企业，可以看出美国的企业结构比中国或日本的企业更扁平一些、层级更少，这反映出西方文化追求平等的管理理念。文化还会影响企业的决策程序是自上而下为主还是由下而上为主，这一点是与企业的层级架构相对应的。亚洲国家的企业决策通常是自上而下，一般都是上层作好决策后往下层传达贯彻，很少有听取下面意见的习惯；而西方社会更多是由下至上的决策，有时即使不是完全从下开始，一般也都会给下面的员工反馈的机会，以便修正原来的决策。①

④有利于完善项目管理制度

海外工程项目面临各种各样的冲突，包括不同部门之间、不同民族和文化之间、不同思想和文化之间的冲突。跨文化管理是从双方不同的文化角度去探析问题，不断纠正和完善项目管理制度，从而确立解决问题的程序和方法。同时在跨文化管理过程中，要通过项目团队文化将制度中的核心价值提炼出来让员工时时参照，不断加强员工间的沟通和互融，消除文化障碍，在潜移默化中规范员工的行为，保证项目在动态复杂的环境面前因地制宜。海外工程项目实施跨文化管理可以建立起有适应性的团队文化和规章制度，提高项目的整体管理水平和竞争能力。

---

① 闫方涛. 中国企业跨文化管理问题研究 [D]. 上海：华东师范大学，2007.

⑤有利于提升项目竞争能力

文化因素对海外工程项目的影响是多方位的，既有积极的一面，又有消极的一面。首先，具有不同文化背景所带来的文化冲突，尤其是那些破坏性的文化冲突，是木桶原理中的"短板"，阻碍着海外工程项目核心竞争力的提升。同时，依据冲突管理理论的思想，除了破坏性的冲突外，还存在建设性的冲突。多元文化群体存在知识、思维、观点、方法等互补的优势，能够扩大员工的视野，丰富员工的思想，从而使海外项目具有更强的适应能力、应变能力和竞争能力。因而解决不同文化背景产生的这些建设性的文化冲突，也是海外工程项目经营管理的潜能所在。本书从文化的视角对我国海外工程项目进行研究，探寻出跨文化管理的有效路径，努力营造多民族优秀文化兼容的融洽氛围，有利于实现建设性文化冲突与破坏性文化冲突的"最适"与"和谐"，避免跨国经营由于文化差异而导致的跨国经营失败；有利于改进我国海外工程项目中的沟通、信任机制，提高内部员工的凝聚力，完善我国海外工程项目的管理制度及组织结构，从而最终促进我国海外工程项目国际竞争能力的提升。

1.2 相关概念

1.2.1 海外工程项目

国际工程是指一个工程项目寿命周期的各阶段或各阶段要完成的工作，包括咨询、融资、采购、承包、实施管理等的参与者来自不止一个国家，并且按照国际上通用的工程项目管理模式进行管理的工程。① 国际工程属于国际经济合作的范畴，对我国而言，它包含国内和国外两个市场，即不但包括国际组织和国外的公司到中国来投资和实施的工程，也包括我国公司去海外投资承建的工程。本书所研究的海外工程项目属于后者。具体来讲，海外工程项目是国际工程的一个分支，是指我国在海外承揽的、按照当地法律制度经营的、遵循国际工程惯例进行管理的工程项目。

1.2.2 文化

"文化"一词，在英文与法文中均为"Culture"，在德文中为"Kultur"，它们都源于拉丁文"Cultura"。"cult"一词在拉丁语中意为"居住于"或"崇拜"，"ure"一词被定义为"是……的结果"。因而，"文化"一词在拉丁语中的原意为"人类行为的结果"。最早给文化下定义的是英国人类学家泰勒，他在其名著《原始文化》里写道："所谓文化，就广泛的人类学而言，是知识、信仰、艺术、道德、法律、风俗及任何人作为社会成员而获得的所有能力和习惯的复合的总体。人们在学习、工作、生活中的一举一动、一言一行，无不体现文化的内涵。"② 自泰勒以后，人类学家、社会学家、管理学家、哲学家、经济学家、史学家、考古学家、民俗学家等都从各自的研究领域出发，对文化给予了各种不同的解释。著名的比较管理学家霍夫斯泰德认为文化是"将一个群体与另一个群体区别开来的人的共同的心理程序"③。而我国的《辞海》将文化定义为：广义指人类社会历史实践过程中所创造的物质财富和精神财富的总和；

① 郝生跃. 国际工程管理［M］. 北京：北方交通大学出版社，2003：1.
② 泰勒. 原始文化［M］. 上海：上海文艺出版社，1992.
③ 帕特·乔恩特，马尔科姆·华纳. 跨文化管理［M］. 大连：东北财经大学出版社，1998：36.

狭义指社会的意识形态，以及与之相适应的制度和组织机构，是一种历史现象。① 每一社会都有与其相适应的文化，并随着社会物质生产的发展而发展。

管理学的研究者们用不同的文化理论来诠释管理行为的差异。文化成了用于合成管理变量的自变量因素，因此产生了种种不同的概念和理论。目前常用的一种观点认为文化就是价值观，就是一个组织或群体或国家民族的共同追求、向往和习惯，它是相对稳定的大家的认识和思想。同时，在不同文化之间，又必然存在矛盾与冲突，并在矛盾冲突中走向融合。② 家庭、企业以及民族之间的文化，莫不如此。

综上所述，本书认为文化是人类在社会实践中创造的、带有浓厚民族色彩的、能够指导人类处理同他人及周围环境关系的、所有清晰的和潜在的意识形态和精神指导。

1.2.3 跨文化管理

跨文化又叫交叉文化，是指相互作用的群体之间具有两种或两种以上的不同的文化背景。③ 跨文化管理就是对不同文化背景的人、物、事的管理。本书所讲的跨文化管理是指跨国公司在他国经营时，对由不同的文化背景的员工所组成的企业跨国界、跨民族的管理。具体地说，跨文化管理就是要求管理者改变传统的单元文化的管理概念，把管理重心转向对企业所具有的多元文化的把握和文化差异的认识，克服多元文化和文化差异带来的困难，充分发挥多元文化差异所具有的潜能和优势，设计出切实可行的组织机构和管理机制，进行有效的组织沟通

---

① 辞海编辑委员会. 辞海 [M]. 上海：上海辞书出版社，1979.

② 杨沛霆. 不可小看文化提升——再谈科学发展观 [J]. 中外管理，2004 (6).

③ 纪莉. 跨文化管理中的文化适应过程与模式研究 [D]. 大连：大连海事大学，2005.

和领导决策，最合理地配置企业资源，特别是最大限度地挖掘和利用企业的潜力和价值，从而最大化地提高企业的综合效益。

1.3　文献综述

1.3.1　国外研究现状

跨文化研究作为一门新兴的边缘科学，兴起于第二次世界大战后的美国。最早从文化层面对不同民族差异进行比较的理论应该追溯到1961年。克拉克·汤姆和斯特罗贝克（1961），他们从人性的善恶、个人集体、等级体系等几个方面指出不同文化之间的差异。与此同期的豪尔（1960、1966）也从协议、空间占有物的数量、过去将来的时间关系等方面对文化差异提出自己的见解。在这一时期，跨国公司认识到了文化差异与多元文化的存在，但是它们大多本着母国中心主义进行跨国经营活动，对于文化差异与多元文化的影响很少考虑。受跨国经营实践活动的影响，学者们往往将文化与管理相互独立开来，分别按不同的学科类别进行研究，而很少将它们联系在一起进行探讨，没有提出完整体系的文化比较成果，研究方法也欠缺科学性，没有从实证角度来提供有力说明。

经过十余年的发展，学者们逐步注重实证研究的意义，从文化差异的角度来探讨跨国经营失败的原因，并开始对文化以及在跨文化条件下如何进行有效管理问题进行研究。20世纪70年代后期，管理心理学家吉特·霍夫斯泰德（1984—1991）使用心理测验的方法，对在某一跨国公司任职的来自世界40个国家和地区的各类职员进行了一项长达7年的研究，发现这些国家在文化上的差异主要表现为4个方面。这4个方面也就是民族文化差异的 4 个维度：权力距离、不确定性避免、个人主义—集体主义、男性度—女性度。每一种文化的特点都可以用它在这 4 个维度上的强弱来表示。1991 年，又增加了第五个维度——长期取向。同时，他在《欧洲印象：过去、现在和未来》（1991）一文中又对 11 个欧共体国家进行了分析，从 5 个文化纬度上阐述它们的差别；在《文化的重要性》《文化与组织》中对各国文化差异背景进行了比较，试图寻找被视为某一特殊民族的行为准则。

霍夫斯泰德通过大量的实证分析对跨文化研究进行了研究，在西方产生了重大影响，对东西方跨文化管理的深入研究也起到了非常重要的积淀作用。从某种意义上，可以说霍夫斯泰德是跨文化研究理论的奠基人，他的理论成果引领了后人对跨文化的研究。但同时，文化维度系统还没有给人们提供一个如何进行跨文化管理可能依据的具体比较模式，还停留在比较抽象的意义上。

哈勒和威尔波特（1981）对参与决策制定的研究显示出不同国家的管理人员对于决策制定的五种方法在行为上存在着相当大的差异，还显示下属人员往往希望他们的管理人员采用一种更加积极参与的工作作风。

与霍夫斯泰德同一时期还有一个著名学者泰布（1988）。泰布从 1988 年开始，对文学、文化和工作作风进行了调查，并从民族和社团角度设计了一种非正式的文化模式，在研究民族融合问题上作出了杰出贡献。

针对文化维度系统的不足，一些学者利用不同的国家文化，提出自己的跨文化企业管理比较的观点。例如埃兹拉·沃格尔于 1979 年发表的《独占鳌头的日本——美国的教训》、理查德·帕斯卡尔和安东尼·阿索斯合写的《日本企业的管理艺术》等。

1981 年，威廉·大内在《Z 理论——美国企业如何迎接日本的挑战》一书中对美日企业管理进行了比较分析，他把美国企业管理模型称为 A 型组织管理模式，把日本企业管理模型称为 J 型组织管理模式。他认为，A 型组织注重硬管理、形式管理、理性管理和外显管理，管理显得生硬、机械、正式化，缺乏软性、柔性、人性，整合力差，组织凝聚力也差。而 J 型组织注重软管理、整合管理、人性管理和隐性管理，因而管理具有有机性、非正式性、软性、人性，它注重经营思想、组织风气、企业文化、人才开发、情报和技术开发能力等"软件"建设。美日企业应当在文化上相互借鉴，吸收对方优点予以调整。这样，A 型组织还是 J 型组织，都能因推进企业文化管理而得到改造。

之后，日本的松本厚治认为企业管理存在三种典型模型，即日本式、中国式和美国式管理模式。松本把日本企业制度和管理模式称为"企业主义"；把中国计划经济下国有企业的经营模式称为"观念论"的主人翁模式；承认欧美的企业制度和管理模式有合理性，但也认为美国企业制度存在许多难以克服的矛盾。经过对日、中、美企业的比较，松本厚治认为，日本的"企业主义"的经营管理模式最为优越。虽然他的结论带有浓厚的日本企业管理中心主义色彩，但他对中美企业管理弊端的分析以及突出强调职业安全与竞争关系、职业安全与对企业忠诚心培养关系的分析，在跨文化企业管理中值得中美企业借鉴。

这一时期，学者们普遍采用比较研究的方法，进行跨文化企业管理比较研究，这对于文化维度系统研究是一个突破。

另一个著名学者是特拉姆皮纳（1984—1993）。特拉姆皮纳对不同文化差异的研究始于 1984 年，他认为在任何情况下要取得成就都没有约定俗成的办法。他把文化描述为人们解决问题的方式，并指出不同的文化具有不同的解决一般问题的方法。

特拉姆皮纳提出的这种解决问题的办法充分说明了跨文化管理能够衍生出更具决策性的方法。

1993年，特拉姆皮纳和汉姆登进行了一项关于跨文化的调查研究，主要探讨了七个关键的过程并把这些过程归为两难推理。在进一步发展他的层面理论后，他又指出了不同民族文化背景下的组织的最佳风格。

莱瑟姆和纽保尔（1994）对欧洲文化进行了调查，并试图把两个发现进行综合以期得出欧洲管理模式。这两位学者非常注重采用不同的分析方法来分析论证欧洲文化的管理模式。

琼·玛丽·本修斯（1994）指出商务失败的主要原因在于对商务环境信息掌握不足以及对外国文化缺乏了解，建议采纳一种"均衡的信息一体化"的模式，并论证了五个不同的国家怎样对其模式中的四种极坐标作出反应。

在霍夫斯泰德的基本框架下，贾亚尼和拉蒂菲（1995）发明了一种新方法用来解释伊朗文化的现象，论证古代文化、伊斯兰和西方文化对伊朗人价值观的影响，他们还证明了这三种主要亚文化群的不同组合怎样产生组织和个人文化的显著不同模式。

塞德（1991）通过对不同国家的颇具创新思想的文献进行对比和研究，他的文化观点（1994）有力地论证了价值取向对个人的作用。

按美国人类学家爱德华·郝尔的观点，文化可以分为三个范畴：正式规范、非正式规范和技术规范。正式规范是人的基本价值观、判断是非的标准，它能抵抗来自外部企图改变它的强制力量，因而引起的摩擦往往不易改变。非正式规范是人们的生活习惯和风俗等，因此引起的文化摩擦可以通过较长时间的文化交流克服。他强调只有首先识别文化差异，才能采取针对性的措施。

　　加拿大著名的跨文化组织管理者南希·爱德勒为人类提出了解决组织内的文化差异的三种可供选择的方案：一是凌越，是指组织内一种文化凌驾于其他文化之上扮演着统治者的角色，组织内的决策及行为均受这种文化支配。这种方式的好处是能在短时间内形成一种"统一"的组织文化；其缺点是不利于博采众长，因为其他文化受到压制容易使其成员产生强烈的反感，最终加剧冲突。二是折中，是指不同文化间采取妥协与退让的方式，有意忽略回避文化差异，从而做到求同存异，以实现组织内的和谐与稳定；但这种和谐与稳定的背后往往潜伏着危机，只有当彼此之间文化差异不大时，才适宜采取此法。三是融合，是指不同文化间在承认、重视彼此间差异的基础上，相互尊重、相互补充、相互协调，从而形成一种合一的全新的组织文化。这种新文化不仅具有较强的稳定性，而且极具"杂交"优势。

　　法国学者菲力普·迪力巴尔用人种学的方法讨论了企业的跨文化现象，认为企业内部的文化接触有直接和间接的表现形式：一方面，双方的融合使得来自不同文化的个体之间合作的可能性增强；另一方面，管理概念也被应用到不同的文化氛围中。因此，他提出了在不同的文化环境中用同一种行为模式和管理模式是竞争中的重要砝码①。

　　法国学者多米尼克·布兰和依莎贝尔·古斯让考察了在华法资企业的跨文化管理问题。他们的研究成果有利于强化公司内部的宣传在跨文化管理中的重要作用。

　　2006 年 7 月，Dorothy E. Leidne 和 Timothy Kayworth，对民族文化、组织文化和从属单位文化中涉及价值观的跨文化理论进行了全面的梳理，从中归纳出 40 多个维度。他们选取了文化的核心——价值观作为研究的中心，对 20 世纪 50 年代至 2003

①　曾政辉. 跨文化管理文献综述［J］. 大众科技，2006（6）：163 - 164.

年的研究进行了全面的回顾与详细的归类。这种全面的视角与深入的研究是值得肯定的，但将价值观的维度分析分离出 40 多个维度，显然过于繁复。①

1.3.2 国内研究现状

国内对跨文化管理的研究起步较晚，20 世纪 90 年代中期，跨文化管理理论传入中国，被翻译成教材或学术著作，逐渐受到理论界的重视。随着中国企业在国际经济舞台上扮演越来越重要的角色，在跨文化经营中如何进行有效管理的问题也日益引起国内企业界和理论界的重视，成为其跨国经营所面临的迫切问题。国内学者借鉴国外关于跨文化管理研究的理论成果和分析框架，结合中国的实际，对跨文化比较管理领域的诸多课题进行了广泛的研究。

李晓锋、郑文全、杨晴翔（1996）在《企业跨国经营成功的关键——跨文化管理》一文中阐述了跨文化管理的重要意义，提出经营当地化是跨文化管理模式的必然选择，对于研究跨文化管理的发展趋势提供了一定的借鉴意义。

卢岚、赵国杰（1999）在《跨文化管理初探》中分析了跨文化管理研究的必要性，并对跨文化管理的一体化模式与评价标准进行了初步探讨，最后总结了跨文化管理思路的启示。

黎伟（2000）在《跨文化企业管理初探》中指出了跨文化（Inter - Cultural）的定义，还阐述了实施跨文化企业管理的具体步骤和方法。

清华大学的赵佛波（2002）在《论"PDCA 循环"在跨文化管理中的应用》中阐述如何利用 PDCA 循环这一文化诊断新工具。PDCA 循环的概念最早是由美国质量管理专家戴明提出来

---

① 万君宝，西方跨文化管理研究的层次分析与时间演进［J］. 上海财经大学学报，2007（4）：94 - 96.

的，所以又称"戴明环"。它实际上是有效进行任何一项工作的合乎逻辑的工作程序。PDCA 循环之所以称为"循环"，是因为四个步骤不是运行一次就完结，而要周而复始地进行。一个循环完了，解决了部分问题，其他未解决或新出现的问题，再进行下一次循环。如此反复，直至完全达成共识以形成共同的价值观——公司文化。该文章将"PDCA 循环"引入跨文化管理，拓宽了跨文化管理研究的视角，从循环角度论述了文化循环与文化管理的内在运行模式。

谢宁铃在《台湾大陆合资企业跨文化管理分析》中分析了大陆、台湾文化差异比较以及台湾、大陆合资企业中跨文化冲突的表现，进行了台湾、大陆合资企业文化冲突的原因分析，提出了解决文化冲突的对策。

张素峰（2003）在《国际化经营与跨文化管理》一文中阐述了跨国经营面临的最大问题是不同文化之间的价值观念、思维方式、行为准则、语言、习惯和信仰等存在的差异，并提出了跨文化管理的四种模式：母国文化主导型、当地文化主导型、文化嫁接型和企业文化主导型。该模式从文化主导的角度较为系统、完整地提出了跨文化管理的模式。

黄年根（2003）在《国际企业的跨文化管理》中阐述了跨文化管理的要求，从三方面提出了实施跨文化管理的策略：第一，识别文化差异。第二，进行跨文化培训。第三，建立共同的经营观和企业文化。

胡宗华（2003）在《跨文化管理的创新策略》中阐述了企业文化创新的跨文化因素和跨文化管理的创新策略。该文章从创新的角度提出了跨文化管理的对策，有一定新意。

刘珂（2004）在《虚拟企业的跨文化管理》中阐述了虚拟企业的文化差异分析以及跨文化管理的内容。该文为新兴的虚拟组织的发展及完善提供了文化管理的视角。

浙江大学的杜红、王重鸣在《外资企业跨文化适应模式分析：结构方程建模》一文中编制了跨文化适应问卷，并运用此问卷调查了外资企业的314名高中层管理者，结果表明决策价值前提、人力资源利用、管理规范化构成了跨文化适应的管理决策维度；中外经理沟通、直接上下级关系、中高层团队合作构成跨文化适应的人际合作适应维度。该文从实证研究角度，采用探索性、验证性因素分析，并运用数理方程构建了跨文化适应的结构维度和适应模型，有一定的深度。

纪莉的《跨文化管理中的文化适应过程与模式研究》系统地分析了跨文化适应的过程，针对每个阶段的特征提出了相应的措施并构建了文化适应的模型。

姚孝军（2006）认为，不同文化背景下的员工由于其文化价值观和社会习惯的不同，会形成不同的心理契约，管理者需要具有高度的文化敏感性，要认真研究本地文化的特点，接受和尊重这种新的文化，清醒地认识员工将形成怎样的心理契约，员工的心理预期没有得到满足又会有怎样的后果产生。

陈剑平认为，跨文化沟通有四种可能结果：文化融合、文化同化、文化分隔、文化边缘化。在跨文化企业中，管理者和员工面对的是不同文化背景、语言、价值观、心态和行为的合作者，一切活动都是在异文化沟通交流基础上进行的。

上海东华大学旭日工商管理学院和美国路易斯安那大学合作进行研究，定量分析了在华跨国公司的文化冲突的表征因子。他们认为，跨国公司在华企业的跨文化冲突可以用5个因子表征：管理体制因子、外方经理行为方式因子、文化尊重因子、员工发展因子、权力距离因子。

张玉柯教授在对日本在华投资企业的研究中指出，跨国公司在华投资企业的跨文化管理核心将是注重企业文化整合，其实质是重塑新的企业文化。

严文华等学者从心理学的角度，分析了中外合资企业中所表现的东西方文化差异，管理理论、管理制度和管理方法的不同，以及由此产生的合资企业经营管理中的文化冲突。在其成果《跨文化企业管理心理学》一书中，系统分析了文化差异下中外合资企业员工的动机、需求和态度的差异以及管理中可能产生的文化冲突，并提出了跨文化管理新理论——共同管理文化新模式与整合、同化理论。

彭迪云等分析了跨国公司成长的文化环境及其影响，提出企业在跨国经营中将面临 6 种文化风险，即种族优越风险、管理风险、沟通风险、商务惯例风险、禁忌风险和组织风险。[①]

谭静在《论企业并购中的文化风险及其控制》一文中将文化差异性和文化容忍度作为横、纵纬度，构造并购中企业文化风险类型矩阵。

侯学明在《企业并购的文化风险：根源、类型与规避》一文中提出，应根据企业文化构成的四层次对企业并购文化风险进行划分。

吴显英在明确文化风险涵义的基础上建立了文化风险内部影响因素的解析结构模型，系统地分析了各影响因素的作用方式，提出了关键影响因素，即企业国际化战略导向、对文化风险的认识与重视程度、员工跨文化素质与能力。

另外，一些学者对企业并购的文化风险进行了量化研究。如赵曙明、杨忠在《国际风险管理》一书中认为可利用德尔菲法、幕景分析法对文化风险进行度量，王宝舟、俞自由则在《企业并购中的文化整合策略》一文中提出借助概率树、直方图等形式评估并购双方的文化差异与相容性。

综上，国内外学者对跨文化管理已从不同角度进行了分析

---

① 陈红儿，孙卫芳. 跨国公司跨文化管理研究综述 [J]. 湖北经济学院学报，2007（4）：23-27.

和探讨，形成了各自的分析模式和方法，这些模式并非完全相互独立，在本质上是相互联系、相互补充的。在此过程中，跨文化管理中文化适应的重要性已获得了普遍的认可，但对跨文化管理中文化适应的过程和模式的研究还比较零散。个别学者也只是从宏观的角度对跨文化管理的模式进行了一些探索性的阐述，还未细化到针对我国涉外工程的跨文化问题进行系统、特色化的深入研究。把我国的海外工程项目作为一个复杂自适应系统，将 CAS 引入跨文化管理、实现跨文化适应的文章未曾查到。基于此，本书试图对我国的涉外工程的跨文化管理问题作更系统、深入的探讨和研究。

1.4　研究内容与思路

1.4.1　研究内容

　　本书主要涉及管理学、组织行为学、心理学、经济学、文化学等相关学科的内容。

　　针对我国海外工程项目面临的机遇及其跨文化管理中存在的问题，本书阐述了我国海外工程项目中存在的文化冲突及文化风险问题，并以跨文化适应理论与复杂自适应系统理论为基础，分析了基于 CAS 及跨文化适应理论的海外工程项目跨文化内部管理机制的总体框架和具体构建措施：包括协同的团队文化、新型的领导管理、灵活的组织与沟通管理、有效的人力资源管理等我国海外工程项目跨文化管理机制的核心、关键、途径和基石。在论述了我国海外工程项目跨文化的内部管理机制之后，本书接着阐述了母国政府、母国本部及与东道国间的沟通等海外工程项目跨文化的外部协调机制。最后，对大连国际工程承包公司苏里南项目跨文化管理进行了个案研究。

1.4.2 研究思路与框架

本书遵循提出问题、分析问题、解决问题的思路，分析了我国海外工程项目面临的跨文化经营冲突与风险及其消极效应，以跨文化适应理论和复杂自适应系统理论为基础，构建了我国海外工程项目跨文化管理研究框架，进而提出了提高我国海外工程项目跨文化适应能力的内部管理机制和外部协调机制，最后进行了实证分析。本书的研究框架如图 1 - 2 所示：

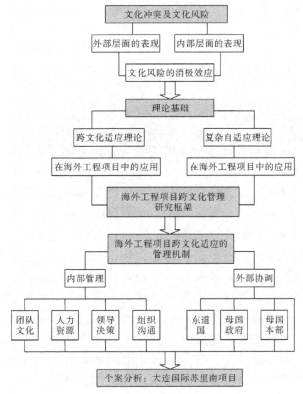

图 1 - 2 本书的研究思路与框架

1.5 研究方法与创新点

1.5.1 主要研究方法

（1）文献分析法

通过图书馆、网络等途径广泛搜索国内外专家学者关于此论文相关的资料，针对与题目相关的各类期刊论文、学术著作、学位论文、专题研究报告等资料进行归纳分析，从而界定研究主题，对我国海外工程项目的跨文化管理问题进行了系统的论述。

（2）比较分析法

本书通过对中外文化价值观、社会制度、国情背景等的对比，分析出了中外文化的差异及实施有效跨文化管理的重要性。

（3）实证分析和规范分析相结合的方法

实证分析就是对事实的描述和解释，说明"事物是什么"以及"问题是如何解决的"，偏重于对事物现象的概括和归纳，即从现象出发，总结和分析其具有的事物内在规律性。本书在对海外工程项目跨文化管理中的文化冲突及文化风险现象的原因、危害分析以及个案研究中都使用了实证分析方法。所谓规范分析就是根据公认和传统的价值标准，以主观判断形式，对事物应有的规律性和应实现的结果进行阐述和说明。规范分析研究事物"应该是什么"或者研究各种问题"应该怎么解决"，侧重于对规律的推理和演绎。本书在关于构建海外工程项目的跨文化管理内外部管理机制等方面主要运用了规范分析法。

（4）个案研究法

本书选取大连国际工程承包公司苏里南项目作为典型案例，系统地考察和分析了大连国际工程承包公司苏里南项目的跨文化管理等经营状况。

1.5.2 本书的创新点

（1）拓宽了跨文化管理研究的视角

在复杂的跨文化经营环境下，我国的海外工程项目也融入了复杂性的特点，成为一个复杂的自适应系统。基于复杂自适应系统（CAS）理论，海外工程项目员工的主动性与创造性是其跨文化适应的内在动因，与外部环境的交互作用是跨文化适应的外在动因。通过内外动因的持续作用，海外工程项目不断地实现着内部要素的学习、适应与自组织，同时与外部环境进行着物质、资本、人才与信息的交互作用，不断地演化发展，在此基础上涌现出项目整体与异文化环境的适应与融合。鉴于此，本书将复杂自适应系统理论应用于我国海外工程项目管理跨文化管理的研究中，构建了我国海外工程项目跨文化管理的理论研究框架，拓宽了跨文化管理研究的视角。

（2）构建了我国海外工程项目跨文化管理的内部管理机制

本书以跨文化适应理论及复杂自适应系统理论为基础，分析了我国海外工程项目的复杂自适应特点，其跨文化适应的内外动因，从团队文化、人力资源、组织沟通、领导决策四个维度上建立了我国海外工程项目实现跨文化适应的内部管理机制。

（3）构建了我国海外工程项目跨文化管理的外部协调机制

海外工程项目作为一个复杂自适应系统，与东道国、母国政府、母国本部之间持续不断地发生着物质、资本、人才和信息的交互作用。海外工程项目的跨文化适应是一项复杂的系统工程，不仅需要项目内部机制的完善，而且也需要一个良好的外部环境。本书从母国政府采取的措施、母国本部采取的措施以及与东道国关系的协调三方面，建立了我国海外工程项目跨文化管理的外部协调机制，这是海外项目实现跨文化适应的有力保障。

2

海外工程项目中的
文化冲突及文化风险

2.1 文化的构成及特性

2.1.1 文化的构成

跨文化研究中，荷兰文化协作研究所所长吉特·霍夫斯泰德（Geert Hofstede）的文化分类对当今的跨文化管理研究有很大影响。他把文化比喻成洋葱，分很多层（见图2-1）。最外表的一层称象征物（Symbols），如服装、语言、建筑等等，人的肉眼能够很容易看见它们。第二层是英雄人物性格（Heroes）。在一种文化里人们所崇拜英雄的性格代表了此文化里大多数人的性格。因此了解英雄的性格，很大程度上也就了解了英雄所在文化的民族性格。第三层是礼仪（Rituals）。礼仪是每种文化里对待人和自然的独特表示方式，如在中国文化的典型场合之一宴席的位置安排很有讲究，又比如日本人的鞠躬和进门脱鞋。最里面的一层是价值观（Values），指人们相信什么是真、善、美的抽象观念，也是文化中最深邃、最难理解的部分。[①]

这四个层面是一个统一的整体，不能分割理解，每一个外层都是其内层的反映。跨文化研究专家们从文化的四层次角度出发，认为文化正如一座浮在海洋上的冰山，只有10%的体积露出海面，如打招呼、使用名片、办公室的穿着、用餐礼仪、风俗习惯、社会传统等等。只要不是一个过于迟钝的文化观察者，通常都不会引起严重的跨文化问题。冰山的90%则隐藏在海面底下，而这部分却是威胁海上航行的真正障碍。因此，在

---

① 岳洁. 东西方文化差异与中外合资企业跨文化管理［D］. 北京：对外经济贸易大学，2003.

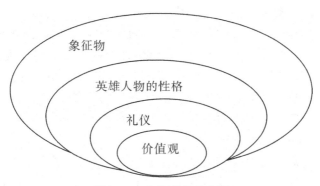

图 2 - 1　文化洋葱层次图

我们与文化背景不同的人相处时，引发矛盾的原因也多为文化中被深藏的一面，如藏于文化表面下的价值观、宗教信仰、思维方式等。这些看不见的文化差异往往导致了跨文化经营中的"泰坦尼克号"。

2.1.2　文化的特性

（1）文化的差异性

①霍夫斯泰德的文化差异论

文化差异对我国海外工程项目的管理有着重要的影响，文化差异的存在导致了工程项目管理的文化冲突和文化风险问题。早在20世纪60年代后期，霍夫斯泰德就对IBM遍布60个国家的16万雇员进行了问卷调查，并写了《文化的结局》一书。书中提出了描述文化差异的四项指标，即文化价值观的四个方面①：

权力距离（Power Distance）

权力距离是指社会对权力在社会或组织中的不平等分配的

---

① Hofstede G. Culture's Consequences： International Differences in Work Related Values. Sage： Beverly Hills, 1980.

接受、认可程度。在企业当中，这可以理解为员工和管理者之间的社会距离。一种文化究竟是大的权力距离还是小的权力距离，可以从该社会内权力大小不等的成员的价值观中体现出来。在权力距离大的文化中，像中国或英国的下属对上司的权力很敬重，有较强的等级关系，彼此并不能很平等。但在权力距离小的文化里，上下级之间较少考虑正式的礼仪往来，等级关系只是所任职务不同而已。

霍夫斯泰德根据国家文化模型，将中美双方在权力化程度、对不确定性的规避、个人主义、男性主义、长期取向五个方面的统计参数比较分别如下（表2-1）：

表 2-1　　　　　　　　中美文化对比统计参数表

国家	权力化程度	不确定性规避	个人主义	男性主义	长期取向
中国	89	44	39	54	100
美国	30	21	100	74	35

资料来源：陈红梅，袁智．"走出去"需要跨越文化障碍［J］．企业活力，2002（5）．

表2-1显示出，中国属于权力距离大的文化，表现在领导与员工的关系中就是：领导与员工的关系比较远，领导是权威，而员工是受他们控制和影响的。而美国是一个权力距离低的国家，上下级之间的关系比较平等。

不确定性规避（Uncertainty Avoidance Index）

不确定性规避即指人们忍受模糊、不确定、前途未卜情境威胁的程度。对不确定性的态度往往能反映出社会成员价值观的差异性。不同文化防止不确定性的迫切程度是不一样的：有的文化倾向于能高度忍受模糊不定的状况，像中华文化和丹麦文化；有的文化更倾向于接受确定性，像日本和希腊文化。前一种文化中常有较多的工作流动，后一种文化中人们的工作往往固定于一个公司。

个人主义与集体主义（Individualism Versus Collectivism）

个人主义与集体主义反映了一个人与其他人之间的关系的紧密程度。个人主义是指在一种松散结合的社会结构中，每一个个体关注的焦点是自己和最亲近的亲属。与之相反，集体主义是指在一个严密的社会结构中，人们希望别人关心自己，同时他们对于群体内部的人也绝对忠诚。

男性化与女性化（Masculinity Versus Femininity）

男性化与女性化的基本社会问题是不同性别的人在社会中的地位和作用。这也是衡量"男子汉"气概、价值观在一个社会中是否占统治地位以及强烈程度的重要指标。男性化即指进取、好胜、喜欢冒险、自信武断等价值观在社会中居于统治地位的程度。女性化指相对的知足、低调、谦逊、追求稳定等价值观在社会中居于统治地位的程度。

综合以上四个方面可以看出：a."权力距离"和"不确定性规避"是影响组织结构形式的主要因素。对于那些权力距离较大，又迫切期望减少和防止不确定性的国家和地区的组织，则以"金字塔"式的传统组织结构为主。而那些对权力差距的接受程度处于中间状态的地区和国家中的组织，其结构形式往往凸现出多样化的特征。b."个人主义和集体主义"以及"接受权力距离的程度"，是影响组织领导方式的主要因素。例如，美国是世界上个人主义文化特色最为明显的国家，"最大限度地追求个人利益"是美国领导理论的基点。因此，美国的领导理论并不完全适用于强调集体主义的第三世界各国。而"接受权力距离的程度"，则影响到组织员工参与管理的热情及其程度。c."个人主义和集体主义""防止不确定性规避的迫切程度"和"男性化与女性化"三者的综合是影响组织激励的最大因素。霍夫斯泰德认为，第三世界国家与东方的日本，是集体主义程度较高的国家，激励政策的选择应当着眼于个人与集体关系的平衡。日本和法国倾向于"女性化"，分配一种无风险、很安全的工作岗位成为其主要的激励因素。荷兰和北欧各国人民的价值观倾向于"男性化"，同时防止不确定性的心理又比较强，应该将维护良好的人际关系作为激励因素的首选内容。而美国人是倾向于"男性化"的典型，适宜于把承担风险、进取获胜作为激励的基本方式。①

②我国与东、西方文化差异的对比

本书以中美两国的文化差异为例（表2-2），揭示出我国文化与西方文化的差异。

表2-2　　　　中美两国的文化差异倾向比较

文化尺度	中国的文化倾向	美国的文化倾向
人的本性	善良与邪恶兼而有之，是可以改变的。强调教育、培训、思想工作，在工作中给人以指导	善良与邪恶的混合体，是可以改变的。强调训练和发展，在工作中给人们学习的机会
人与自然的关系	人与自然和谐相处。人们制定政策，保护自然，使之符合人类的需要	人类支配自然。人们制定政策、改造自然，使之符合人类的需要——修水坝、公路
个人与他人的关系	集体主义。决策由集体作出	个人主义。决策是由个人作出的
行为的主要方式	均衡。职员为生存而工作，适可而止，知足常乐	主动行为。职员努力工作以达其目标，职员使工作量最大化

① 孙健.跨国组织中的文化冲突及其管理——基于适应性管理理念的思考［J］.中共长春市委党校学报，2006（10）.

表2-2(续)

文化尺度	中国的文化倾向	美国的文化倾向
对空间的观念	混合的（公开、隐秘并存）。经理的决策活动是隐秘的	隐秘的。总经理在办公室里召开重要会议，关上所有的门，并让秘书谢绝所有打扰
个人的时间观念	过去/现在。企业非常重视过去的经营业绩和成功的经验	将来/现在。政策声明常涉及5年、10年和20年的目标，而注意力则集中于本年或本年度报告，通过改革和多样化来产生动力，强调变化中的未来

资料来源：蔡建生.跨文化生存［M］.广州：南方日报出版社，2004.

　　同时，本书以中日两国的文化差异为例（表2-3），揭示出我国与东方文化的差异。

表2-3　　　　　中日两国的文化差异倾向比较

差异 ＼ 国别	中国的文化倾向	日本的文化倾向
对外来文化的态度	勉强吸收、缺乏创新思维和意识	有极大热情，善于学习，学以致用，并不断创新
文化的政治色彩	与政治结合紧密，宗法家族色彩浓烈	有政治宣传倾向但浓烈程度稍逊
人际关系意识	注重群体意识、人情色彩浓厚	注重集体观念
思维方式	重直观体验	重推理分析
伦理道德	强调自律	相对宽松
礼节	主张一些礼节简洁化	客气、礼节较多
面子工程	极为重视，追求形式	一般重视
法制观念	淡薄，主张德治	法治
经营理念	受计划经济影响较大	主张科学、高效

表2-3(续)

差异　　国别	中国的文化倾向	日本的文化倾向
对企业的忠诚度	一般，流动频繁	非常认可、绝对忠诚
家族观念	建立在血缘的身份关系基础上	建立在非血缘的身份关系基础上
人才选拔标准	论资排辈思想普遍	年功序列制与现代管理理念融合

资料来源：王书进，宁安琪．中日合资企业的跨文化管理［J］．国际经济合作，2007（3）．

（2）文化的刚性分析

刚性，在物理学中是指材料的一种力学性能，描述的是物体不易被改变的程度和特性。文化作为一种意识形态，也具有这种难以改变性、不可违反性以及对另一客体的约束性等刚性。

由于历史、自然条件、经济水平、社会制度等的差异，形成了世界上不同的文化类别，而文化一经形成就会产生一定的地域性、地区性、民族性，又有其独立性，不依赖于人而独立存在，因而文化具有较强的刚性特点。

从文化倾向来看，文化刚性也是非常显性的，难以在短时间内改变。从文化基本范畴来看，文化的刚性表现如表2-4所示：

表2-4　　　　　　　　文化基本范畴差异

自我意识	各种文化所表达的自我舒适感不同。在一个地方，自我身份和自我评价可以通过卑微谦逊表现出来；在另一个地方，则是通过耀武扬威的行为表现出来
语言交流	尽管英语成为全球通用的语言，但是语言的多样性依然存在，并且各民族都以自己的语言文化为豪，包括口头语言和肢体语言
衣着打扮	在某些文化中对于穿衣是有着严格的规定的

表2-4(续)

饮食习惯	不同地方的饮食习惯大相径庭。有些地方视为美食的，在其他地方可能被禁止食用
时间观念	各种文化对时间有不同的观念
季节	各文化对季节的观念也不同
人们的各种关系	文化确定了年龄、性别、地位、辈分，以及由财富、权力和智慧构成的人际和组织关系。家庭单位是这些关系特点的最通常的体现。在世界上，有的地方实行一夫一妻制，有的地方则实行一夫多妻制；在一些文化中，家庭的权威人士是男性；在一些文化中，妇女必须戴面纱，对男性表示谦恭；而在另一些文化中女性至少与男性平起平坐
价值观和规范	文化从价值观中衍化出行为规范。各个文化的宗教传统也有意或无意地影响着人们对生、对死、对死后的态度。西方文化很大程度上受到了犹太教、基督教、伊斯兰教传统的影响，而东方或亚洲文化则一直受佛教、儒家思想、道教和印度教的影响
思维过程与学习	人们在思维和学习方法方面存在明显的差别。一些文化强调抽象思维和概念思维，而一些文化则偏好死记硬背和学识。在学习方法上，各个文化的特点也是显著不同的
工作习惯与实践	群体对工作的态度和工作的主导风格是检验群体文化的一个维度。一些文化采纳了一些工作伦理，根据这种伦理，所有成员被期待为一种理想或有意义的活动而努力。而在另一种文化中，活动的价值则是以产生的收益为衡量标准

资料来源：蔡建生. 跨文化生存［M］. 广州：南方日报出版社，2004.

由表2-4可以看出，文化的这种刚性表明了各种文化之间有难以逾越的鸿沟，而根据霍夫斯泰德的洋葱皮理论，价值观是其中最难以协调的因素，因为价值观是潜移默化的。发展心理学家的研究也表明：大多数人在10岁左右就已经牢固地树立了基本的价值观，以后很难改变。而对于跨国项目团队来说，这也是所要面对的最难解决的问题。

2.2 文化冲突的含义、表现及特点

现今，关于文化差异以及由此促成的文化冲突现象在商业经营活动中司空见惯。一项由欧洲管理咨询公司进行的调查表明，"文化差异及由此引发的文化冲突是在一体化的欧洲并购中最大的困难所在"[①]。

2.2.1 文化冲突的含义

文化冲突是指不同形态的文化或者文化要素之间相互对立、相互排斥的过程。它既指跨国企业在他国经营时与东道国的文化观念不同而产生的冲突，又包含了在一个企业内部由于员工分属不同文化背景的国家而产生的冲突。[②]

2.2.2 文化冲突的表现

文化冲突的表现是多种多样的，有来自风俗习惯的，有来自价值观念的，有来自行为举止的，有来自自然环境的，等等。所有这些可以归纳为工程项目内部层面和工程项目外部层面。这具体表现在：

（1）工程项目内部层面的文化冲突

为了实现当地化的经营目标，工程项目组要聘用适量的东

① 孙健. 跨国组织中的文化冲突及其管理——基于适应性管理理念的思考 [J]. 中共长春市委党校学报，2006（10）.

② 刘永中，金才兵. 英汉人力资源管理核心词汇手册 [M]. 广州：广东经济出版社，2005.

道国人员及其他国家的人员，而企业的全球扩张更是导致了其内部成员来自多个国家和地区。这些人员由于各自所属的文化环境不同，极易在项目内部造成文化冲突。这种文化冲突又分为项目成员之间的文化冲突和来自项目成员的文化与项目组原先文化之间的冲突两种类型。项目内部层面的文化冲突往往导致项目组织沟通的不畅、管理效率的下降，从而加大项目经营的成本。

（2）项目外部层面的文化冲突

在项目外部层面，工程项目进入东道国之后，会受到来自东道国外在文化环境的影响，包括消费者、供应商、政府所颁布的有关法律法规、相关团体及政府机构等。东道国的文化环境与跨国企业团队文化的冲突，往往使项目组及其经营活动受到东道国的国民抵制，甚至受到来自东道国政府及有关部门的限制和制裁。

2.2.3 文化冲突的特点

（1）形式多样

文化的多样性导致了文化冲突的表现形式也多种多样，如不同宗教信仰的碰撞、外国文化与本土文化的交汇等等。

（2）范围广泛

文化是一个地域、国家、宗教、群体经长时间不间断地扬弃慢慢传承下来的。它能够团结聚合有共同文化背景下的人。所以，文化的冲突往往是在较大地域基础上的人与人之间出现的，影响的范围很广。

（3）影响的持久性

文化是一种内化的心灵模式、行为方式和思维习惯，一旦发生冲突，其影响是持久的，也是深远的。①

2.3　文化冲突的成因分析

2.3.1　沟通方式和语言差异

　　文化冲突很多是由于语言差异、沟通不善产生误会进而引起的。语言是人类相互沟通的主要手段，在很大程度上体现了一个社会的文化。由于语言或非语言障碍的存在，人们对时空、习俗、价值观等的认识也有所不同，充分沟通往往有一定难度，因而极易产生沟通误会。例如，我们熟悉的"OK"手势，在日本、韩国等国家，表示金钱；在印度尼西亚，表示什么也干不了；在法国表示微不足道；在荷兰表示正顺利进行、微妙等。在海外工程项目管理过程中若对此缺乏敏锐性，不能及时地协调，则极易造成严重的文化冲突。

2.3.2　宗教信仰与风俗习惯

　　宗教和信仰凝聚着一个民族的历史和文化，影响持久且深远，是文化的深层次内容。不同的宗教有不同的倾向和禁忌，影响着人们的认识方式、行为准则和价值观念，影响着人们的消费行为和风俗习惯。不同的国家、地区或民族由于传统文化的影响，形成了各自独特的风俗习惯。海外工程项目管理者如果不了解这些风俗习惯，就有可能造成经营管理上的失败。②

　　① 彭未名，梁瑜．文化冲突危机的跨文化管理思考［J］．广东外语外贸大学学报，2007（04）．
　　② 徐莉．跨国经营中的文化冲突问题和跨文化管理策略［J］．南京财经大学学报，2006（6）：69.

2.3.3 种族优越感

种族优越感是指认为一种族优越于其他种族，认为自己的价值体系较其他优越。种族优越感强烈的人，很可能引起东道国当地人民的反感和忌恨，也可能遭到抵制并引发冲突，造成管理失败。

2.3.4 国家制度、法律的不同

各国由于历史背景、经济水平、文化传统、社会发展状况的不同，在社会制度、法律法规的制定方面也会各有特色，最简单的例子是各国对成年年龄的规定：有的规定 18 岁，有的规定 20 岁。对同一社会关系或事实的法律、法规规定内容的不同，也会导致文化冲突的产生。同时，西方企业一般是在法律环境比较严格和完善的条件下开展经营与管理，习惯以法律条文作为自己言行举止的依据；而我国的工程项目管理人员往往以经常变动的条文、指令、文件作为企业成员的办事章程和决策依据。由于双方行为的标准和依据不同，冲突在所难免。

2.3.5 管理方法和经营理念

我国一些工程项目在从事海外经营活动时，对于如何将原有文化与东道国的文化相融合关注得甚少。项目人员特别是经理人员因循守旧、不愿变革，忽视甚至蔑视东道国文化的存在及其对本企业海外经营活动的影响，沿用原来企业的文化模式，注重人伦，习惯于以领导的意图和上级文件为开展工作的依据和指南，造成管理工作中的不协调和冲突，极易形成以自我为中心的管理模式。而如果片面以自我为中心，死守教条，不知变通，则会导致项目内外文化冲突的产生和加剧，不利于从事海外经营活动。

2.4 文化冲突给海外工程项目带来的文化风险

2.4.1 文化风险的含义及其特征

（1）文化风险的含义

跨国经营使海外工程项目面临东道国文化与母国文化的差异，这种文化的差异直接影响着管理的实践，构成经营中的文化风险。

文化风险①指企业在国际化经营过程中，由于文化环境因素的复杂性、不确定性、使用的营销手段不能适应当地文化，使企业实际收益与预期收益目标相背离，甚至导致企业经营活动失败的可能性。文化风险包括种族优越感风险、管理风险、沟通风险、商务惯例风险、感性认识风险等类型。

（2）文化风险的特征

①客观性。其客观性从本质上源于不同国家、区域之间的文化差异。文化风险的客观性要求海外工程项目团队要与来自不同文化背景的文化差异进行融合，以此满足来自不同文化背景的工作人员的需求。

②双效性。风险一方面可以带来损失，另一方面也是一种潜在的优势，可以带来收益。因而文化风险在海外项目经营中是一把双刃剑，它在增加了项目经营管理的风险和难度的同时，也可以引发项目潜在优势，是一种积极因素。

③复杂性。文化内涵的丰富和多变，促成了文化差异的丰富和多变。因而文化风险常常具有多种不同的表现形式而且不

---

① 陈海花. 国际营销中的文化风险 ［J］. 江苏商论，2004（10）.

断变化。

④可调控性。能够识别和控制是风险的共同特征，海外工程项目管理人员可以系统、全面地了解文化风险产生的根源、作用过程和表现，并以此为基础采取相应措施对其加以规避、控制和管理，从而实现经营目标。

2.4.2 文化风险对海外工程项目的消极效应

文化因素是海外工程项目面临的巨大挑战。在一种特定文化环境中行之有效的管理方法，应用到另一种文化环境中，也许会产生截然相反的结果，因此项目组必须具备识别和处理文化风险的能力，才能立于不败之地。而忽视、缺乏对文化风险的预测、估计则会导致海外工程项目发展战略的失败。如20世纪70年代肯德基首次进入香港市场时，因没有注意到香港市民的饮食习惯，采用了与美国一样的方式。在本国畅销的营销策略却不能满足香港人的要求，宣传的概念也不适当，最终迫使肯德基修改了全球性的战略来适应当地的需求。国际上的调查研究表明，约有30%～40%的跨国企业的经营是不成功的，中外合资企业的成功率也只有45%左右。戴维·A.利克斯就指出过："大凡跨国企业大的失败，几乎都是仅仅因为忽视了文化差异这一基本的或微妙的理解所招致的结果。"美国著名杂志《电子世界》在20世纪90年代曾以"什么是全球市场成功的最大障碍"为题，对全球性经营的企业和即将准备进行全球性经营的企业进行咨询，结果在法律法规、价格竞争、信息、语言、交流、外汇、时差和文化差异8大因素中，文化差异被列为首位。① 海外项目间各种形式的合作经营行为实质上都是一种跨文化行为，其间势必伴随着不同文化的相互作用。当不同质的、

---

① 江小国. 跨国经营中文化的影响及跨文化适应的探讨［J］. 市场论坛, 2007（06）.

不同层次的文化共处于某一时空环境中时，必然发生内容和形式的冲突与碰撞，从而给项目的经营带来困难。具体有以下负面影响：

（1）弱化了共同奋斗的凝聚力量

来自不同国家的职员由于缺乏共同的文化基础，导致互相不信任、缺乏共同感、民族中心主义凸现等，因而减弱了项目团队的凝聚力。语言和文化上的障碍使人们更愿意与他们同国的同事进行交流，这就促成了异文化群体之间不信任感的产生。另外，在跨国公司中，往往存在着不同程度的民族中心主义，这不仅会导致沟通的失败，还会导致敌意和对抗，造成混乱和冲突。总之，多文化群体成员在创造内聚力和团结方面要比同类群体的成员花费更多的时间和精力。

（2）降低了项目管理的沟通效率

工程项目在跨国经营过程中遇到的最大障碍之一就是沟通问题。在跨文化交流的过程中，人们往往难以准确理解对方的意图，而常常无意识地用自己母国文化的种种标准去衡量和评价对方的行为。这就势必增加了跨文化交流的难度，增加了跨文化交流误会，降低了沟通的速度和效率。

（3）加剧了项目管理的矛盾冲突

在内部管理上，人们不同的价值观、不同的生活目标和行为规范增加了群体进程中的不明确性、繁杂性和内部混乱，增加了项目领导、激励、决策的复杂化和管理费用。例如，不同文化背景的职员有着不同的工作动机、需求心理和期望，因而他们对相同刺激方法的反应却不大相同，从而也使得激励成为一个非常难以预测的过程。又如，在决策和意见形成共识方面，多文化群体比同类群体要困难得多。文化差异不仅难于达成一致意见，而且使工程项目组决策的实施和行动的统一变得更加困难。

项目的组织成员由于文化差异而存在着不同的价值观、信念和文化传统，由此决定了他们有着不同的需要和期望，以及与此相一致的为满足需要和期望不同的行为表现。因而，员工们相同的行为并不意味着一致的意义，而不同的行为却可能表示相同的意见。这种意义的不明确性大大增加了项目管理的难度。

为使全体员工的需要都得到满足，就要针对他们背后不同文化的特点进行分析、协调和沟通。协调是一门艺术性很强的管理活动，文化因素对其影响很大。例如，美国文化以个人主义为核心，企业需要为员工创造更多的机会和选择的权利；日本文化则是一种典型的"大和文化"，员工绝对服从上级领导，强调企业凝聚力、团队精神，有一种强烈的群体意识；中国文化由于传统习惯的影响，重视思想政治工作，在协调手段的采用上更愿意用说服教育或谈心等协调方式。协调原则的多样性也加剧了管理的复杂性。

另外，更为重要的是，文化冲突可能会影响跨国企业管理者与员工或不同文化背景员工之间的和谐关系，产生"种族优越感"和"非理性反应"，造成沟通中断，从而也导致误会越来越多，矛盾越来越深。

（4）加大了经营目标的实现难度

由于文化的差异，不同文化背景下的管理者会有不同的经营目标，比如美国、韩国、德国等国的管理者，他们围绕市场的需要形成经营理念，因而重视生产，更重视营销，强调规范化管理；而中国的管理者往往重视生产而忽视营销，在经营上趋于谨慎保守，缺乏创新。这就容易造成经营目标的不一致。同时，也是由于文化的差异，项目的员工们有着不同的工作动机和期望，从而更增加了项目决策的难度，也威胁到项目经营目标的实现。

（5）伤害了本土员工的民族感情

对于工程项目组的决策方案和管理制度，不同文化的员工往往有着各自不同的理解，因而在工作中有着不同的行为表现。这些差异加剧了文化风险，可能会伤害群众或当地政府的感情、危害他们的利益，甚至违反相关法规，导致反感和愤怒。

通过以上对我国海外工程项目跨国经营中跨文化风险及文化冲突的解析，我们不难发现，文化冲突、文化风险对海外工程项目的经营活动有着诸多消极的影响。因此必须采取有效的管理手段，将项目经营中的文化冲突、文化风险降到最低程度，使其在参与国际竞争的过程中，不但能够适应东道国的经济环境，而且也能适应东道国的文化环境，从而推动海外工程项目的进展。

海外工程项目跨文化管理研究的理论基础

3.1 跨文化适应理论

3.1.1 跨文化适应理论及其动因

所谓跨文化适应（Cross Culture Adaptation），指的是处于不同本体文化的文化氛围中的居留者逐步调整、接受、适应、融入异文化的缓慢的、渐进的过程。其内涵具体涉及：缓解居留者所经历的文化休克，改善其心理适应和增加满意度，提高其在新文化环境中的行为能力。跨文化适应的目标是居留者跨文化意识和跨文化交际能力的增强，体现在对异文化模式的认知、选择和接受能力，以及与异文化成员交往能力的提高。该理论是跨文化管理领域的一个重要组成部分，它涉及价值倾向、管理规范、跨文化沟通、人力资源开发与管理、上下级人际合作关系等多个方面，同时也揭示了跨文化适应作为跨国经营企业的一个重要的组织变量将显著地影响到项目组织的经营绩效。

跨文化适应过程是一个艰难的成长过程，在这一过程中，除了要面对风俗习惯、生活方式等不同的压力，还要经历对价值观念和思维方式的质疑。但跨文化适应并不是一个难以逾越的障碍或可怕的过程，而是一种复杂的个体体验，一个学习过程，一个从较低到较高的自我和文化意识的进步过程。跨文化适应体现了个体对不同文化中自然和人的关系、人和人之间的关系以及人对文化本身的认识和理解，这也是一个属于文化学范畴的问题。①

跨文化适应所以成为可能，其动因如下（图3-1）：

---

① 董莘. 跨文化适应：异域文化中的"二次成长" [J]. 社会科学辑刊, 2005（03）.

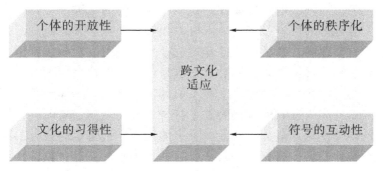

图 3 - 1　跨文化适应的动因

（1）个体的开放性是跨文化适应的内因

人类与一般生物在基因编码系统的开放程度上有很大差异。皮亚杰认为，认知是先天图式与后天经验的相互建构。个体通过与外部环境的相互作用，主体占有外部的文化，外部文化也占有主体的精神空间。人类个体的潜在精神，要与文化进行复杂的交互作用，进行复杂的再建构和自组织，然后才能成为现实的精神。这种开放性特点，使人类个体可以在后天环境中习得基因信息以外的大量信息，从而有可能在生物学遗传之外的开放性编码中，进行科学、道德、艺术、技术等文化创造。就个体而言，文化不是通过基因而是通过语言和非语言的符号媒体实现传递的。个体在特定文化环境中经由包括教育在内的社会化过程而习得文化。[1] 同样，个体在进入异文化环境后，人类基因编码的开放性也使其有可能接受异文化环境中的新信息，并对其内部精神世界进行重新建构。居留者所持的态度越积极，越能放开心胸去体验异域文化，那么文化适应就越可能成功地实现。一方面，在步入异域文化之初，通过网络、书报或其他媒体以及家人朋友等多种渠道，了解目的国的情况，将这种了

① 刘晓东. 论人类个体的精神成长［J］. 学术交流，1996（2）.

解上升为一种简单的规律性的认识，将其作为一种一般性原则来与当地人的行为习惯对号入座。如果发现当地人的行为习惯符合这个原则，那么便将已知的规律加以强化。这些规则常常帮助他们了解新文化的成员，并逐渐学会如何按他们的方式相处。另一方面，随着对异文化了解的逐渐深入，个体会越来越发现目的国成员的语言行为并不符合先前的规则，先前的认知无法消除这些由亲身体验差异带来的问题。这时他们只有不断地调整自己的心理容量，以开放的心胸不断地完善对异国文化的认知体系，才能逐渐缓解"冲突"所带来的两种文化间相互抵触的状态。

（2）文化的习得性是跨文化适应的外因

文化是人类群体或民族世代相传的行为模式、艺术、宗教信仰、群体组织和其他一切人类活动、思维活动的本质特征的总和。霍尔认为，文化有三个基本属性：a. 习得性。文化不是先天的，而是后天慢慢习得的。b. 互联性。文化的各种成分是相互关联的，触一发而动全身。c. 共享性。文化由群体成员共同分享，由此可划分出不同文化的疆界。[①] 文化所具备的习得性特点，表明文化并非人类个体生而有之，而是需要在后天的文化环境中通过自身的学习交流和环境潜移默化的熏陶而逐渐形成。个体通过习得新环境中的文化，将其内化于自身的人格特征之中，不断调整自身的情感观念、思维模式和行为方式，进而能够实现跨文化适应。例如海外工程项目驻外人员外派前要接受公司为他们精心安排的跨文化培训，使其了解东道国的文化，并学会尊重这种与本族文化完全不同的文化，化解日常生活或工作中由文化差异而引起的危机，最终能够不带成见地观察和描述文化差异，理解差异存在的必然性和合理性。它不是

---

① Hall E T. Beyond Culture［M］. Garden City, NY: Anchor Press/Doubleday, 1976.

一种简单的对对方文化差异的理解和尊重，而是一个完整的、可操作的文化习得过程。驻外人员不仅要通过学习来认知相关文化知识和信息，而且要树立正确的价值观，学会以宽广的心胸对待不同文化，最终将这些知识和情感等付诸实践，实现情感的转变。

（3）个体的秩序化是跨文化适应的途径

社会结构的存在需要某种程度的秩序化，社会生活的秩序化包涵个体、社会和文化三个层面。个体秩序化是指使个体的认知、情感等内在心理过程具有连贯性和稳定性。个体在自身秩序化过程中通过对自己的情感、态度和需要进行整合，使之成为连贯的整体——人格。个体能够将自身习得的文化中的秩序和理念不断带入群体之中，从而不断创造新的社会生活。社会秩序化是在两个以上的个体相互交流的基础上出现的，社会交往的延续使社会关系得以建立。居住在某一地区的人们经过不断交往会形成带有模式特征的行为，同时特定群体对于如何阐释周围世界也逐渐达成共识，产生出一套可以共同分享的象征意义的体系，这就是文化观念。由此可见，文化乃是由个体通过社会交往而创造的，社会和文化秩序是一个动态和相对的概念。

从上面的分析可以看出，居留者参与和适应不同文化的过程，其实就是居留者一次新的文化习得和社会化的过程。居留者通过整合自身的情感、态度等，实现个体的秩序化，在此基础上，通过与其他个体及环境的交流，实现社会秩序化，产生出新的文化。

（4）符号的互动性是跨文化适应的基础

人类文化和社会生活离不开符号媒体。正如卡西尔所言，人类的一切文化成就，如语言、神话、艺术和科学，都是人类符号活动的结果，所有文化现象和精神活动也都是运用符号形式来表示人类的种种经验。卡西尔指出，人类智力始于概念作用，而概念只有在它体现为符号时才固定下来而让人把握。怀特也指出，文化是象征的总和，是一个自决的和自我本位的进化过程，此过程来源于人类创造和运用象征符号的能力。①

符号互动理论认为，人作为社会存在，其相互交往是建立在符号及其共享意义的基础上的。人格自我不是内在的、封闭的，而是个体与社会环境相互作用的结果。由于作用过程是动态的，因此自我也是不断变化成长的。人类对符号不仅能够作出反应，而且能够加以解释。由此看来，人类生活是动态的和富有创造性的。人类正是通过阐释活动建构起社会现实，并且人赋予其经历的意义在本质上是社会性的。个体人格植根于社会结构和社会过程，自我理念也形成于这一过程。人们在社会交往中习得了符号及其意义，并且能根据对情境的理解而调整或改变他们所使用的符号和意义。人能够通过反省其自身经历而对自己的行动和感觉作出评价并且有意识地加以改变。② 对跨文化适应而言，当人格自我面对新的文化语境，其与环境交互作用的机制仍会发生作用。而且个体在习得新的文化模式的同时，人格自我的形态也会发生改变。③

3.1.2 跨文化适应的内在机制

（1）初次进入异文化环境的障碍

安德森（Anderson）指出，居留者进入一个新环境后，需要面对三种障碍：①己文化与异文化在价值观、态度和信念方面的差异造成的冲突；②在己文化中所熟悉的语言与非语言符

---

① 庄锡昌. 多维视野中的文化理论 [M]. 杭州：浙江人民出版社，1987.

② Robbins S P. Contemporary Human Behavior Theory：A Critical Perspective for Social Work [M]. Boston：Allyn and Bacon，1998.

③ 任裕海. 论跨文化适应的可能性及其内在机制 [J]. 安徽大学学报，2003 (1)：105－106.

号信息的丧失；③在新环境中由于感知灵敏度和行为灵活性降低而造成的社交能力的减弱。①

　　具体而言，跨文化居留者初次进入异文化环境后，首先会在使用语言及非语言符号与异文化群体之间进行交流时遇到障碍。不同语言在句型、语法、习语和方言等方面存在差异，其表达方式也迥然不同，由于语言与文化之间具有内在关联，只有在异文化环境中有相当的生活经历才能准确解读不同语言所表达的确切语义，这对于初来乍到的居留者显然是非常困难的。他们通常只能对异文化语言的表面语义作简单化的理解，而不能把握其深层内涵和象征意义，于是难免发生误解。非语言符号是跨文化适应的更大障碍，因为非语言符号是人类个体对行为的一种感知系统，它是在特定文化语境中形成的，是个体在己文化的社会化过程中所早已适应并习惯了的。例如"OK"的手势，在不同的文化里就代表不同的含义。因为上述语言与非语言符号信息的丧失，造成居留者对新环境的感知灵敏度和行为灵活性降低，从而明显减弱了居留者与异文化群体的交际能力。

　　另外，居留者本身原有的某些心理倾向和观念也会成为跨文化适应的障碍。例如，相似性假设是居留者设想自己与异文化群体并无差别的一种心态，它能够减少居留者在新环境中的不适感，但同时也会造成沟通中的误解。再如，每个人在行事方面都有其独特性，由于没有人能充分地将这些特点和独特性加以处理和区分，人们就用各种方法将这些复杂的感知简单化。其中一个方法就是用一组特性去表示某个整体的特征，并认定整个群体的成员都具有这种特征，这就是定型观念。这种方法在一定程度上可以作为便捷手段促进个体与新环境进行交流，

---

　　① Anderson L E. A New Look at an Old Construct：Cross－cultural Adaptation[J]. International Journal of Intercultural Relations，1994（18）.

但同时也会削弱其对新环境中刺激信号的敏感度；同时，异文化群体也依据这种观念对居留者进行推测。由于对居留者的个体情况资料了解得不多，其推测常常不够准确。评价倾向也会使居留者对异文化群体的行为急于按照自己的标准作出结论，这也会使居留者对异文化者思想感情的理解趋于片面。

由于面临上述障碍，初次进入异文化环境的居留者会感到自己被疏远，自身能力不足以应付环境的需要，甚至感到自身与新环境格格不入，进而出现紧张和焦虑情绪。

（2）在异文化中的学习过程

居留者无论是作为个人还是组织，都具有维护自身状态稳定和特性统一的需要。当居留者初次进入异文化环境时，在心理上会有一种本能的防御机制，借助于一些保护手段发生无意识的作用，如在交往对象上有所选择、自我暗示、否认及自欺、回避和敌意、遇到挫折后的心理慰藉等，以此来维持自身状态的稳定。对于居留者而言，防御机制其实只是一种暂时的本能现象。面对异文化环境产生的压力，居留者必须克服防御机制，打开心扉，接触新环境，努力学习新的知识并找到解决新问题的策略。

在与异文化交流的过程中，居留者自身的心理状态，如思想动机、态度倾向、人格开放度及移情能力等因素会影响跨文化适应的效果和进程。

①居留者在思想动机上是否愿意与新环境交流，会影响其对异文化信息反应的敏感度、行动的有效性和对交流障碍的耐受能力。

②居留者对新环境中的文化差异持宽容态度，愿意经历并认真面对一些不确定感和风险，也是有效进行跨文化适应所必需的。

③对陌生情况的亲和倾向也会影响居留者对环境信息的关

注和解读。在缺乏亲和倾向的情况下，居留者往往根据自己的成见，用一种挑剔的眼光对陌生情况作出判断，而不是客观地理解环境信息。

④人格开放度指的是居留者接受新信息的内在心理倾向。它使居留者在与新环境交流的过程中敞开心胸，增加对新信息的关注，并采取尊重事实的解释方式，而不是简单地从某种教条主义和民族中心主义的立场作判断。

⑤移情能力指能够充分了解对方的立场和感受，设身处地地体会别人的苦乐和遭遇，体会对方的需要，在思想上与他人取得认同，产生情感上的共鸣。要做到充分移情并非易事，需要居留者深入到异文化的内在结构之中，通过亲身参与，与异文化成员进行深层次交流，深入了解对方的文化，同时反思自己的文化。通过这种换位思考与比较，才能透过文化的表层，把握其精神实质。

如前所述，人类基因系统的开放性特点、个体的社会化与秩序化以及个体与异文化环境之间经由符号互动产生的交往等，使得个体跨文化适应成为可能，其内在自我得以重新建构。因此，在进入异文化环境后，居留者与异文化的交流至关重要。居留者与异文化的交流学习可以通过人际交往和大众传播等方式进行。通过与异文化的交流，居留者可以获取关于异文化群体的直接而具体的信息，为自身行为的有效性和得体性找到参照标准。随着交流的深入，居留者有可能与异文化群体逐步建立起亲密的人际关系，从而融入异文化环境，从中获得社会支持。另外，与异文化的交流还有助于居留者处理在新环境中面临的压力和减轻焦虑。

（3）达到与异文化的适应

跨文化适应是一个动态发展的过程，其有效性和进程受诸多因素的影响，如居留者在异文化环境的居留时间、原文化与异文化差异的大小、居留者的动机、态度和学习方法等，因而每个居留者达到适应成熟阶段所经历的时间长短都不同。

通过人际交往和大众传播等方式与异文化群体的交流和学习，居留者达到跨文化适应的成熟阶段后，较大程度地提高了对异文化的敏感度和感受度，能够尊重和包容异文化的正面和负面成分，娴熟地处理好己文化与异文化的差异与冲突，自如地应付压力和控制焦虑，显著地提高与异文化群体的交往能力。自主能力的充分发展，使得居留者个体人格呈现双重文化的特点，形成了相对独立于己文化和异文化环境影响的态度和行为，能够用新的眼光、从新的角度评价文化差异，对自身原有的和新近接受的文化信息进行整合。这时居留者个体的成长已经超越了原文化的周界，其自我理念、人格特征和文化身份已经从原来固定单一的模式发展成为一种扩大了的、更具弹性的、独立的新模式。正如阿德勒所说，这种跨文化身份的基础不是"归属"，它与文化的关系不是占有和被占有，而是一种自我意识的觉醒，使个体既不是完全作为特定文化的一部分，也不是完全与之分离，从而能以一种自主和独立的、类似"第三者"的眼光看待世界。①

由上面的分析可以看出，跨文化适应过程也是居留者身份变化的过程：居留者初次进入异文化环境时其身份首先是陌生人，若要从"圈外人"转变为"圈内人"，就需要不断与新环境交流和学习，经历包括符号系统和意义结构在内的诸多变化，不断调整自己思想和行为的方式，以适应异文化的参照体系。为了达到与异文化环境的适应，居留者需要发展出某些策略来应对和克服文化障碍与文化冲突，因此必须调整其心理状态和

① Adler P. S. Beyond Cultural Identity: Reflections on Cultural and Multicultural Man. In L. Samovar and R. Porter (Eds.). Intercultural Communication: A Reader (2nded.). Belmont, CA: Wadsworth. 1976.

行为方式。从这个意义上讲，跨文化适应也是个体精神文化成长的过程。同时，跨文化适应又是一个动态循环的过程。随着时间的延续和交流学习的深入，居留者会在成功与失败交替的过程中螺旋式上升到更高的适应水平。

综上，跨文化适应的内在机制如图 3 - 2 所示：

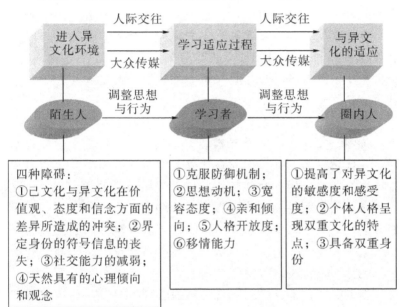

图 3 - 2　跨文化适应的内在机制

3.1.3　跨文化适应的过程与表现

海外工程项目的跨文化适应过程通常包括以下几个时期：探索期、冲突期、交汇期、融合期。每个时期海外项目对文化差异的反应各不相同，若能采取相应的策略应对文化冲突，项目就能成功地过渡到融合期。

第一阶段为探索期。探索期属于文化交汇的吸引阶段，雇员对待文化差异的态度是较乐观的，他们甚至忽视差异。新文化和新事物叫人欢欣激动，雇员被完全不同的文化所吸引，对其可能带来的个人发展机会充满希望。这一阶段是文化风险的潜伏期。在时机成熟的时候，文化风险会爆发，以至对跨国经营带来严重的后果，但也可成为海外项目融合异质文化、开拓创新的动力。

在探索期，外来文化和本土文化初次接触，都对对方的文化存在新鲜和好奇感。对待彼此的文化差异，还不是很清楚，都处于小心翼翼的探索中，一点点地识别彼此的文化差异，文化冲突还处于潜伏阶段。

第二阶段为冲突期。在涉外经营中，随着不同文化交汇程度的加深，文化之间的差异被明确，被放大。由于文化具有本民族化优越感的倾向，因此在海外公司中，人们对文化会自然地产生怀疑和排斥，这就势必产生文化间相互的激烈碰撞。这一阶段，人们所持的态度多以自我为中心，由于不理解、不愿意沟通、不能互相体谅而产生困惑、矛盾以至激烈的冲突与对抗。这一阶段产生的文化误解、文化冲突会打击跨国经营的信心，动摇和阻碍决策的制定与执行。

在冲突期，来自不同文化背景的管理人员要认真认识对方文化与己方文化的差异，从而表现出对文化的理解和尊重。因为尊重对方文化是双方心理沟通、文化沟通的桥梁，有了这座桥梁，才能对它方的民族性、国民性、行为方式、人格价值取向、风俗习惯有进一步的了解，才能体会和捕捉到对方的观点及在不同文化理念引导下的表达方式，达到真诚的合作。

第三阶段为交汇期。所谓交汇期，是指两种文化的相互渗透的时期。在这一时期，人们能够对异文化进行接纳和认可，对来自不同文化背景的管理者的观念和行为方式能够表示理解、体谅和支持；既能看到自身文化的优点，看到对方文化的不足，又能认清自身文化的缺陷, 对方文化的长处, 形成相互学习、取长补短的局面。在文化交汇阶段, 人们从拒绝、排斥、不接受到理解、尊重、认同它文化; 对于出现的矛盾与冲突, 能够更多地以理解、体谅、迁就的态度去分析。对于文化差异有正确的认识和预期, 处理事情更加理性, 能在相互比较中互相学习。

第四阶段为融合期。文化融合是指不同形态的文化或其文化因素之间相互结合、相互吸收的过程。当涉外公司中的中外雇员能够客观地对待文化差异, 理性地处理文化风险, 熟练地应付和处理各种文化冲突时, 双方已经进入对异文化的接受适应期。这也是个文化融合的过程, 双方相互学习促进, 彼此改塑对方, 各文化因素之间相互渗透, 相互结合, 融为一体, 会产生更大的合作优势。

融合期是指跨文化的全面融合期。在这一时期, 项目中形成了既认可多元文化的共存共荣, 又有全体员工共同追求的统一的价值观和行为准则。此时企业就具备了文化多样性的优势。这种优势主要体现在: 在市场方面, 公司对于地方市场上文化偏好的应变能力提高了; 在资源获取方面, 公司从具有不同国家背景的人中聘用员工、充实当地公司人力资源的能力提高了; 在成本方面, 公司在周转和聘用非当地人士担任经理方面花费的成本减少了; 在解决问题方面, 更广阔的视角范围和更严格的分析提高了制定决策的能力和决策质量; 在创造性方面, 通过视角的多样性和减少关于一致性的要求来提高公司的创造力; 在系统灵活方面, 组织在面临多种需求和环境变化时的灵活应变能力提高了。[①] 如图 3-3 所示:

① 纪莉. 跨文化管理中的文化适应过程与模式研究 [D]. 大连: 大连海事大学, 2005: 11-13.

3 海外工程项目跨文化管理研究的理论基础

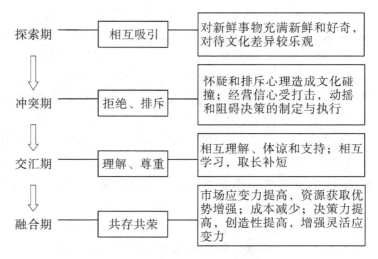

图 3-3　跨文化适应各个阶段及表现

3.2　复杂自适应系统（CAS）理论

3.2.1　复杂自适应系统理论的概念和基本思想

（1）复杂自适应系统理论的概念

复杂自适应系统（Complex Adaptive System，以下简称 CAS）理论是美国密歇根大学霍兰（John Holland）教授于 1994 年在圣塔菲研究所成立十周年时在《隐秩序——适应性造就复杂性》一书中提出的。霍兰从适应性视角界定了复杂自适应系统，认为它是"由用规则描述的、相互作用的主体组成的系统"。他指出 CAS 最重要的特征是自适应性，即系统中的个体能够与环境以及其他个体进行交流，在这种交流的过程中"学习"或"积累经验"，不断进行着演化学习，并且根据学到的经验改变自身的结构和行为方式。各个底层个体通过相互间的交流，可以在上一层次、在整体层次上出现新的结构、现象和更复杂的行为，如新层次的产生，分化和多样性的出现，新聚合的形成，更大的个体的出现等。因而复杂自适应系统强调的主要观点是系统是复杂的，同时具有主动性和自适应性，其中最重要的特征是适应性。

CAS 理论包括微观和宏观两个方面。在微观方面，CAS 理论的最基本的概念是具有适应能力的、主动的个体，简称主体。这种主体在与环境的交互作用中遵循一般的刺激—反应模型，其适应能力表现在能够根据行为的效果修改自己的行为规则，以便更好地在客观环境中生存。在宏观方面，由这样的主体组成的系统，将在主体之间以及主体与环境的相互作用中发展，表现出宏观系统中的分化、涌现等种种复杂的演化过程。

首先，复杂自适应系统是平行适应主体网络，即复杂自适应系统是一个由许多平行发生作用的"作用者"组成的网络。在生态系统中，作用者是物种；在企业中，作用者是职工。

其次，复杂自适应系统具有基于学习的层次演化机制。复杂自适应系统都具有多层次组织，每一个层次的作用者对更高层次的作用者来说都起着建筑用砖块的作用。一个行为的结果被传递到行为的决策阶段或者行为规则的制定阶段，进而影响下一个行为的过程就是反馈。当反馈的期望值同实际输出结果之间差的信息是用来减少实际输出与期望值之间的差异时，这种反馈就是负反馈。正反馈与此相反，它指反馈的信息用来放大实际输出与期望值之间的差异。复杂自适应系统能够吸取经验，从而经常改善和重新安排它们的"砖块"。

再次，复杂自适应系统具有预期反应机制。所有复杂自适应系统都会预期将来。或者说，每一个复杂自适应系统都经常在作各种预期。这种预期都基于自己内心对外部世界认识的假设模型，也就是基于对外界事物运作的明确的和含糊的认识。而且，这些内心的假设模型可以在特定的情况下被激活，积极主动地进入运行状态，在系统中产生行为效果。

最后，复杂自适应系统具有从属于适应主体的环境创造机制。复杂自适应系统总是会有很多小环境，每一个这样的小环境都可以被一个能够使自己适应在其间发展的作用者所利用。而且，每一个作用者填入一个小环境的同时又打开了更多的小环境，这就为新作用者打开了更多的生存空间。而这反过来又意味着，讨论一个复杂自适应系统的均衡根本就是毫无意义的。这种系统永远也不可能达到均衡状态；达到了稳定状态，它就变成了一个死系统。根本就不可能想象这样的系统中的作用者会永远把自己的适应性或功用性等作"最大化"的发挥。因为可能性的空间实在是太大了，作用者无法找到接近最大化的现实渠道。它们最多能做的是根据其他作用者的行为来改变和改善自己。总之，复杂自适应系统的特点就是永恒的新奇性。①

CAS 理论的提出对于人们认识、理解、控制、管理复杂系统提供了新的思路。它的出现，是人类在认识世界方法论方面的一个进步，现今已逐步被应用于经济学、生物学、管理学、环境和生态学、社会科学、教育和心理学等领域。

（2）复杂自适应系统的基本点

围绕主体这个最核心的概念，霍兰教授进一步提出了研究复杂自适应系统适应和演化过程中存在的以下七个基本点：

聚集（Aggregation）：主要用于个体通过"黏合"（Adhesion）形成较大的所谓的多主体的聚集体（Aggregation Agent）。由于个体具有这样的属性，它们可以在一定条件下，在双方彼此接受时，组成一个新的个体——聚集体，在系统中像一个单独的个体那样行动。

在复杂系统的演变过程中，较小的、较低层次的个体通过某种特定的方式结合起来，形成较大的、较高层次的个体，这是一个十分重要的关键步骤。这往往是宏观性质发生变化的转折点，也是以往基于还原论的思想方法难以说明的。聚集归纳反映了复杂系统在这方面的行为特征。聚集不是简单的合并，也不是消灭个体的吞并，而是新的类型的、更高层次上的个体的出现；原来的个体不仅没有消失，而是在新的更适宜自己生存的环境中得到了发展（如图3-4）。

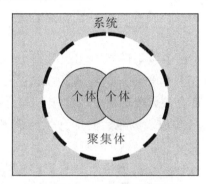

图3-4　个体的聚集

另外，聚集的概念对于层次的理解也提供了有益的启发。层次之间是有质的差别的。把层次之间的差别仅仅理解为量的差别，是一种常见的误解。聚集也说明了层次之间质的差别的涌现过程。

非线性（Non-linearity）：个体以及它们的属性在发生变化时，并非遵从简单的线性关系。特别是在和系统或环境反复的交互作用中，这一点更为明显。CAS理论认为个体之间相互影响不是简单的、被动的、单向的因果关系，而是主动的"适应"关系。以往的"历史"会留下痕迹，以往的"经验"会影响将来的行为。在这种情况下，线性的、简单的、直线式的因果链已经不复存在，实际的情况往往是各种反馈作用（包括负反馈和正反馈）交互影响的、互相缠绕的复杂关系。正因为这样，复杂系统的行为才会如此难以预测；也正因为这样，复杂系统才会经历曲折的进化过程，呈现出丰富多彩的性质和状态。

CAS 理论把非线性的产生归之于内因，归之于个体的主动性和适应能力。这就进一步把非线性理解为系统行为的必然的、内在的要素，从而大大丰富和加深了对于非线性的理解。正因为如此，霍兰教授在提出具有自适应性的主体这一概念时，特别强调其行为的非线性特征，并且认为这是复杂性产生的内在根源。

流（Flows）：在个体与环境之间，以及个体相互之间存在着物质流、能量流和信息流。这些流的渠道是否通畅、周转迅速到什么程度，都直接影响着系统的演化过程。越复杂的系统，其中的各种交换（物质、能量、信息）就越频繁，各种流也就越错综复杂。

多样性（Diversity）：在适应过程中，由于种种原因，个体之间的差别会发展与扩大，最终形成分化，这是 CAS 的一个显著特点。

系统复杂性的重要思想之一就是个体之间的差别，即个体类型的多样性。当前的复杂性研究着眼于个体类型多种多样的情况，而其中的 CAS 理论则进一步研究这种多样性是怎样产生的，即分化的过程。霍兰教授指出，正是相互作用和不断适应的过程，造成了个体向不同的方面发展变化，从而形成了个体类型的多样性。而从整个系统来看，这事实上是一种分工，与前面讲到的聚集结合起来看，这就是系统从宏观尺度上看到的"结构"的"涌现"，即所谓"自组织现象"的出现。

标识（Tag）：为了相互识别和选择，个体的标识在个体与环境的相互作用中是非常重要的。标识的作用主要在于实现信息的交流。流的概念包括物质流和信息流，起关键作用的是信息流。CAS 理论把信息的交流和处理作为影响系统进化过程的重要因素加以考虑，强调流和标识就为把信息因素引入系统研究创造了条件。因而无论在建模中，还是在实际系统中，标识的功能与效率是必须认真考虑的因素。设置良好的、基于标识的相互作用，为筛选、特化和合作提供了合理的基础。

内部模型（Internal Models）：这一点表明了层次的观念。在 CAS 中，不同层次的个体都有预期未来的能力，每个个体都有复杂的内部机制。对于整个系统来说，这就统称为内部模型。

构筑块（Building Blocks）：复杂系统常常是在一些相对简单的部件的基础上，通过改变它们的组合方式而形成的。因此，事实上的复杂性往往不在于块的多少和大小，而在于原有构筑块的重新组合。

内部模型和构筑块的作用在于加强层次的概念。客观世界的多样性不仅表现在同一层次中个体类型的多种多样，还表现在层次之间的差别和多样性。当我们跨越层次的时候，就会有新的规律与特征出现。内部模型和构筑块的概念也解释了如何合理地区分层次，以及不同层次的规律间的相互联系与转化过程；即把下一层次的内容和规律，作为内部模型"封装"起来，作为一个整体参与上一层次的相互作用，暂时"忽略"或"搁置"其内部细节，而把注意力集中于这个构筑块和其他构筑块之间的相互作用和相互影响。因为在上一层次中，这种相互作用和相互影响是关键性的，起决定性作用的主导因素。

在以上七个基本点中，前四个是个体的某种特性，它们在适应和进化时发挥作用，而后三个则是个体与环境进行交流时的机制。

3.2.2　CAS 理论的基本分析框架

拉尔夫·斯泰西指出，确定性非线性反馈系统的主要性质是：非常简单的模式能够产生非常复杂的行为；在系统变得复杂的临界点上，在一个特定的空间中，系统利用自组织过程的不稳定性产生突现的新奇行为模式。这种新奇行为模式是突现的，具有不可预测性，也没有任何预先的特意策划。[①] 而复杂自适应系统具有生存的目的，行为主体的行为受个体模式和共享模式的共同驱使，这包括感受和评价自身和相邻个体的行为。这些模式经过学习，随时间变化而变化。复杂自适应系统遵守确定性非线性系统运行的基本规律，同时又具有新的特征。复杂自适应系统理论的一个基本分析框架可以如图 3−5 所示。

（1）复杂性的根源：适应性的行为主体

复杂自适应系统是由具有适应性行为的主体构成的；主体能够与环境及其他主体进行交互作用；主体在这种持续不断的交互作用过程中不断地"学习"或"积累经验"，并根据学到的知识改变自身的结构和行为方式，达到与环境的适应。整个宏观系统的演变或者进化，包括新层次的产生、分化和多样性的出现，新的、聚集成的、更大的主体的出现等，都是在这个基础上派生出来的。因此，正是主体的这种适应性以及它与环境的反复的、相互的作用，才是系统发展和计划的基本动因，宏观的变化和个体的分化都可以从个体的行为规律中找到根源。这就是 CAS 理论的基本思想——适应产生复杂性。

（2）演化动力机制：多样化与定型化

根据 CAS 理论，当复杂自适应系统处于非平衡混沌时具有初值敏感性，环境的微小变化都能够通过正反馈放大到足以使

① 拉尔夫·斯泰西. 组织中的复杂性与创造性［M］. 宋学锋，曹庆仁，译. 成都：四川人民出版社，2000.

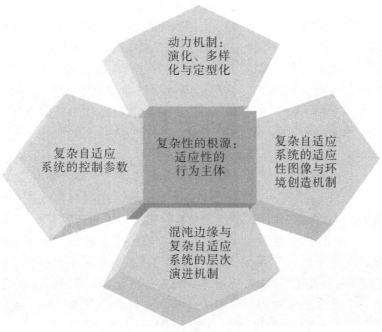

动力机制：
演化、多样
化与定型化

复杂自适应
系统的控制参数

复杂性的根源：
适应性的
行为主体

复杂自适应
系统的适应
性图像与环
境创造机制

混沌边缘与
复杂自适应
系统的层次
演进机制

图3－5　复杂自适应系统理论的基本分析框架

组织的进化过程发生巨大变化的程度，即存在着蝴蝶效应，使
系统具有不可预测性，同时也造就了复杂自适应系统的多样性。
这对系统进化来讲，是至关重要的。然而，必须限制一个系统
的敏感性，否则容易使系统崩溃。复杂自适应系统理论发现系
统自组织产生的定型化机制可以有效抑制这种敏感性。Kauffman
认为行为主体模式中的一些规则倾向于使其特定的行为永久化
或者"锁定"。如果处于定型化过程中的行为主体用反馈网络连
接起来，那么这种反馈网络将倾向于传播有利于定型化的行为。

同时它也给系统提供了绝对稳定的终极状态。① 因此，在模式中的定型化规则有利于系统走向有序和稳定。也就是说，这些规则扩大冗余，使整个系统逐渐表现出相同的行为模式，这种冗余能够创造系统稳定的安全岛。虽然这样会降低系统的效率，但是因为行为被锁定，系统对环境的细微变化不再十分敏感。因此，多样化和定型化作为矛盾的机制共同存在于复杂自适应系统中，成为系统进化的主要动力之一。

（3）复杂自适应系统的控制参数

复杂自适应系统是耗散结构，它具有耗散结构的基本特征。其运行状态的控制参数（Control Parameter）主要有三大类：外部控制参数（如物质、能量和信息的流动水平和速度等）、系统中行为主体的关联程度（如竞争和协同的水平）和行为主体模式内部的差异水平。② 随着这些控制参数值的不断增大，复杂自适应系统会从稳定状态逐步进化到混沌的边缘（即系统运行在有序和无序之间的相变过程中出现的有界非稳定的一种形式）。如果控制参数值超过临界值还继续增加，系统将会崩溃。

（4）复杂自适应系统的适应性图像与环境创造机制

复杂自适应系统具有从属于适应主体的环境创造机制。系统的环境是由与它相关的其他系统组成的，它所采用的生存策略的适应性取决于其他相关系统所采用的生存策略——它们的适应性，可以将这种适应性观念用适应性图像来加以模型化，如图3-6所示。

对于一个特定系统 A，它的适应性图像涵盖了系统可以采用的所有的生存策略。这种图像的外形是通过环境中所有其他

① Kauffman S A. Origins of order：Self Organization and Selection in Evolution ［M］. Oxford：Oxford University Press，1993.

② 霍兰. 隐秩序——适应性造就复杂性［M］. 周晓牧，韩晖，译. 上海：上海科技教育出版社，2000.

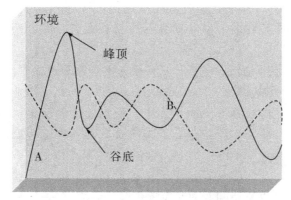

图 3-6　复杂自适应系统的适应性图像

系统正在实施的生存策略来定义的。假设 A 采用一种特定的生存策略，与它相互作用的其他系统 B 采用的生存策略是使 A 趋向死亡。两者通过自组织过程共同演化着，与此同时，它们也相互使对方的适应性图像扭曲变形。如果它们都具有平缓的图像，那么任何一个行为主体到达其峰顶都会很容易；但是，它的竞争对手同样也会很容易地到达它们的峰顶。当一个行为主体到达其峰顶时，它就会使其他行为主体的适应性图像扭曲变形。所以，所有行为主体的图像都会处在一种快速而剧烈的持续变化之中。当所有的行为主体很容易就能增进其适应性时，系统将变得极不稳定。此外，如果图像极端的陡峭，而且具有许多低矮的山峰，那么每个行为主体爬上一个山峰和扭曲其他行为主体的图像就会变得非常容易。因为山峰很低，所以到达峰顶的行为主体会很容易被与之相互作用的其他个体所取代。然而，当行为主体的适应性图像既不太平缓又不太陡峭，而是处于两者之间时，系统能够不断地变化，但这种变化又不太剧烈。因此，系统如果离开了混沌的边界，就会引发剧烈的变化，而这又会迫使系统回到有界不稳定状态。非常平缓的图像具有很大的冗余，十分陡峭或者高度随机的图像没有冗余。所以，混沌边界既存在着一些定型化行为又存在着一些冗余，但都不是很大。

（5）混沌边缘与复杂自适应系统的层次演进机制

"混沌的边缘"（The Edge of Chaos），是指系统中的各种因素从未真正静止在某一个状态中，但也尚未动荡至瓦解的那个边缘。这种状态的产生是靠系统中具有的一种能将有序与混沌保持某种特殊平衡的能力。① 混沌的边缘是可以使生命具有足够的稳定性，又同时具有足够创造性的边界。混沌的边缘也是复杂系统为解决复杂问题而必定要走向的区域。

自然选择是一种不断推动具有突现和自组织特征的系统趋向混沌的边缘的运动法制。生物体的进化就是生命系统学得越来越善于控制自己的参数，以使自己越来越能够在边缘上保持平衡的过程。生命体在共同演化中，循环往复，相互追逐，共同提高，自我地、自动地趋于复杂度增进的方向。② 所以，共同演化是任何复杂系统的自适应性突变和自组织功能的强大动力。生物体因此才越变越复杂，进而使生物体的生存竞争也越来越有力，这就使得生命体从低级到高级，从简单到复杂的演化成为一种必然规律。这就是复杂自适应系统的层次演进机制，它使得系统逐步适应，在演化发展中维持其稳定性，即趋向于混沌的边缘。③

---

① 米歇尔·沃尔德罗普. 复杂：诞生于秩序与混沌边缘的科学 [M]. 陈玲，译. 上海：上海三联书店，1998.

② Kauffman S A. Antichaos and adaption [J]. Scientific Amercian, 1991: 78-84.

③ 张利斌. 基于复杂自适应系统视角的企业核心刚性研究 [D]. 武汉：华中科技大学，2005 (10).

3.2.3 CAS 理论对项目管理的指导作用

CAS 理论是人类认识世界方法论方面的一个飞跃，现已应用于自然科学和社会科学诸多方面的研究。对项目管理来说，该理论也具有很强的指导作用，带来很多质的转变。

（1）思维方式的改变

CAS 理论认为，主体本身具有自适应能力，过多的约束、过于精确的规则、过于集中的管理方式会促使主体停止思考。对于项目管理来说，组织的创新更重要的是提供思想，创造外围环境，使员工能在岗位上随意发挥，主动地进行技术、产品创新，甚至是组织变革，完成项目对环境的前瞻性反馈。

（2）战略规划的转变

传统的战略理论首先确定项目长期效力所能实现的目标，然后确定下一步行动的主要标准。它促使人们对未来的事情作出假设，在假设的基础上制定项目战略规划。CAS 理论认为，项目作为一个复杂系统，具有永恒的新奇性，其未来实际上是不断变化、很难预知的，要确定行为的长期结果几乎是不可能的。因此，项目必须更多地关注近期发展目标，充分考虑行为主体之间自组织的相互作用，在实现近期目标的基础上，才能逐步涌现出项目创造性的未来。

（3）组织结构的转变

传统管理理论认为，如果放松对项目员工的控制与管理，那么组织就一定会陷入混乱，因此强调领导的绝对权威，倾向于一种高度集中的组织结构，将少数最有权力的人的经营理念、管理模式强加到组织之上。这种管理理论带来组织结构方式阻碍了员工之间的信息交流，降低了项目的价值创造力，也扼制了员工的主动性。缺乏员工主动性的项目必然是缺少活力的项目。

CAS 理论表明，系统内的主体是按照一定的规则不断与周围环境和其他主体发生交互作用，从而不断学习，调整自己的行为方式以达到自适应的；我们没有必要担心个体成员一旦拥有了行动的自由，系统就会自然进入混乱状态。拥有自由行动的权利并不意味着主体想干什么就干什么。当主体使用自己的权利时，要受到任务的约束，而不是单纯受某个有权力人的指挥。同时，还会受到道德行为准则的约束，这种约束来源于价值观与文化理念。成熟的组织成员会将自己的行动权利主动用于完成组织的任务，即他们处于自组织状态。他们不但不会造成混乱状态，而且还很有可能创造出新的战略方向。因此，项目管理者应该建立一种扁平化的、能够激发组织成员积极性与主动性的组织结构。

（4）领导方式的改变

传统的领导方式在外界环境变化时，主要依靠高层领导者的环境敏感度进行战略规划，其决策能力局限于领导层的范围之内，基层员工缺乏危机意识，项目的适应性降低。

根据 CAS 理论，项目是一个复杂系统，其内部的领导层、中层管理人员及基层员工，都是不同的自适应性主体，各自按照自身的规则与周围环境进行着交流与学习，实现着适应与发展。因此，在项目管理中，决策层应该更多地趋向于一种"人际关系趋向"的领导方式，即为项目员工创造良好的工作环境、建立融洽的团队关系、良好的上下级关系、同事关系，从而激发员工的参与感与主动性。应该充分调动项目员工的积极性与创造性，让他们参与到项目管理决策中来，在一种轻松民主的氛围中实现全员管理。当项目面对激烈变化时，他们会群策群力，主动地学习并积累经验，与领导层共同提出解决问题的方案，基于项目资源，积累运用知识，进行资源重组，以适应环境变化。

海外工程项目跨文化管理研究框架

4.1　跨文化适应理论在海外工程项目中的应用

4.1.1　跨文化适应理论在海外工程项目中应用的必要性

对海外工程项目来说，进入东道国之后，在一个新的文化氛围中，项目面临着沟通方式、语言差异、宗教信仰、风俗习惯、国家制度、法律法规、社会理念、思维定势以及企业原有的刚性文化所带来的种种不适应，需要逐步与外界接触，不断学习，调整自身的结构和行为方式，达到与异文化的适应，在此基础上逐步融入异文化，从而达到提高对异文化模式的认知、选择和接受能力及与异文化成员交往能力的目的。同时，项目内部的员工，也同样面临着与其他员工、企业、外部环境之间的文化差异，需要逐步适应、调整并达到融合。

因此，面对进入东道国所产生的文化冲突和文化风险，海外工程项目应采取相应的策略，实现跨文化适应并与当地文化相互融合。

①跨文化适应是实现项目业经营目标的需要。作为我国的海外工程企业，在境外利用他国资源、劳力、市场等要素，从事经营的根本目的是为了在合理成本的基础上，取得利润的最大化。如果固守自身文化体系，与当地文化发生冲突，势必增加管理成本，影响经营绩效，甚至受到东道国的抵制，难以立足。

②文化的刚性特点，使海外项目难以变革异国文化。每一种文化几乎都是经过几百年甚至数千年的发展继承而延续至今的，具有很强的刚性。因此，海外项目不可能像更换生产设备、提高产品档次一样，变革异国文化；至多会给其表层造成一些

冲击，而很难动摇积淀于其中的文化底蕴。如19世纪，殖民主义国家凭借坚船利炮敲开中国大门后，把洋教输入中国，妄想取代中国的儒家文化，结果以失败告终。又如中药在欧美市场拓展不力。凡此等等，其深刻的原因都是不同的文化在认知上存在着不可替代的差异。

③适应、融合异文化能够形成跨文化优势。文化差异是一把双刃剑，既能够造成文化冲突和文化风险，导致项目经营失败，又蕴藏着巨大的潜力，因为文化的多样性特点具备单一文化所不具有的创新、融合优势。不同的文化在承认、重视彼此差异的基础上，相互尊重、补充、协调，能够形成一种相互交融的全新团队文化。这种文化不仅具有较强的稳定性，而且极具跨文化优势。因此，对于大多数海外工程项目而言，通过跨文化管理吸收异质文化中的精华，形成自身特有的管理方式，是适应异国文化环境、降低文化障碍成本、提高经济效益的最佳选择。

4.1.2 基于跨文化适应理论的海外工程项目跨文化适应模型

海外工程项目多文化的管理环境以及多文化的人力资源，要求对其实行跨文化管理。中外员工的合作适应能力是文化差异对项目行为的主要影响因素，它主要体现在管理决策及管理规范、人力资源利用和信息交流等方面，只有互相借鉴并融合对方的经营理念、管理方法而形成新的"第三文化"，才能有效地克服文化差异所产生的障碍。

项目团队所形成的特有文化，及其与异文化的整合与协同，对海外工程项目跨文化适应起着至关重要的作用。海外工程项目团队是由不同文化背景的员工组成的，员工的素质与积极性决定着项目跨文化经营的成败，因此，人力资源是跨文化适应的基础因素。另外，跨文化适应问题也体现在项目领导层上：领导层的管理决策、因势利导是跨文化适应的关键。高层管理者之间、领导者与项目员工之间以及员工与员工之间的组织沟通也会影响经营绩效，是海外项目跨文化适应的重要因素。

下面我们根据跨文化适应理论，将海外工程项目中影响跨文化管理的各个因素逐一进行分析。

(1) 跨文化适应的维度分析

①团队文化。团队文化是跨文化管理中文化适应的影响因素之一。在海外工程项目中，中外文化差异导致项目员工的价值观和经营理念各不相同，因而以此为基础进行的经营管理与施工生产也会出现很大的分歧。

以中美企业为例，美国文化与中国文化具有很多差异，如表4-1所示：

表4-1　　　　　　　中美企业文化差异比较表

美国企业文化	中国企业文化
追求自由、平等，重功利、讲实惠、讲效率、重时间价值	讲级别层次观念；注重企业形象，重视结果
以自我为中心，很少讲集体理性；好胜、好斗，具有强烈的竞争意识	以人为本，以和为贵；讲仁爱、讲义气、讲礼仪、讲道德、讲信誉
认为竞争失败是个人无能的表现，财富是能力的象征	胜不骄，败不馁，自强不息，威武不屈，积极进取
重视权力和地位，而且常常是权钱交织在一起追求之	重义轻利，淡泊明志，宁静致远
以追求利润最大化为企业的终极目标	重社会效益
一切着眼于人，奉行能力主义；鼓励员工个人奋斗、冒险和不断创新，以出人头地	讲集体主义与协作精神

表4-1(续)

美国企业文化	中国企业文化
支持创新、允许失败、注重行动，在管理上倾向于"硬"管理	有些保守，缺乏冒险精神和创新精神，知足常乐，安于现状

　　不同的文化特征决定了跨文化管理中的团队文化存在差异和冲突。因此，团队文化也是跨文化适应的一个重要影响因素。能否识别双方团队文化的差异性，并通过各种方式协调统一团队文化是能否做到跨文化适应的重要前提。

　　②领导决策机制。在同一组织里存在两种及两种以上不同的文化时，要使这些差异文化能相互融合适应，在管理上就要做到规范化。特别是文化适应的冲突期，如果不建立规范的管理制度、健全的管理措施，文化冲突只能愈演愈烈，最后可能无法顺利地过渡到文化融合期，甚至可能导致跨文化经营的失败。因此，有一个强有力的领导核心，制定正确的政策、制度，正确引导组织成员的行为方向，约束其不良做法，对于实现不同文化的交流与融合是至关重要的。

　　尤其在文化适应的初期，双方对彼此文化的差异还没能在心理上认可。这个时候，不通过正确的领导来达到双方行为的一致性，而任由其自然发展，可能导致整个组织各行其是、一片混乱，文化冲突激烈。所以说领导决策是文化适应的一个影响因素。

　　③人力资源利用。人的因素是一个项目成功运营的最关键、最重要因素，在跨文化管理中尤其如此。人力资源管理本土化在跨文化管理中对于形成跨文化沟通和谐的具有东道国特色的经营哲学有着重要的意义。派出人员能否适应东道国的情况，雇佣的东道国人员能否适应公司的管理和政策，最大限度地发挥自己的才能，直接影响到海外工程项目的经营绩效。因此能否充分利用人力资源是大多数海外工程项目文化适应的最重要

影响因素之一。

④组织沟通。海外工程项目中的组织沟通包括领导层之间、上下级之间及中高层之间的合作与交流。中外领导层的沟通是海外工程项目人际合作适应的一个重要方面。领导层之间能否有效沟通，直接影响到其下属彼此之间的沟通与适应。领导层通过有效的沟通，在价值决策前提、人力资源利用、管理规范化等方面达成一致，也就实现了管理决策适应。海外工程项目中直接上下级关系也是人际合作适应的一个重要方面。直接上下级关系直接影响到上层的决策能否准确及时地贯彻下去。因此，领导层除了要努力发展水平方向的人际合作适应外，也要致力于垂直方向的人际合作适应。另外，中高层团队合作也至关重要。中高层团队是企业发展的主要力量，决策的制定与贯彻，任务的分解与执行，都依靠中高层团队的合作。海外工程项目中，中高层团队由来自不同文化背景的人员组成，他们之间往往存在很多文化差异与沟通障碍，直接影响到人际关系的适应，进而影响企业的经营管理绩效与企业目标的完成。因此，中高层团队的合作作为人际适应的一个维度，影响着跨文化管理中文化适应的过程。

因此，在海外工程项目中，如何建立一种科学合理的组织模式，形成完善的沟通渠道，使团队各阶层的沟通顺畅和谐，是海外项目实现跨文化适应的重要影响因素之一。

根据上面的分析，海外工程项目跨文化适应由管理决策适应和人际合作适应两个维度构成，其中团队文化、领导机制构成了管理决策适应维度，人力资源、组织沟通构成了跨文化适应的人际合作适应维度，如图4-1所示：

（2）跨文化适应模型

根据上一章分析的海外工程项目文化适应的各个阶段，针对其特征，在对文化适应维度分析的基础上，我们进一步探讨

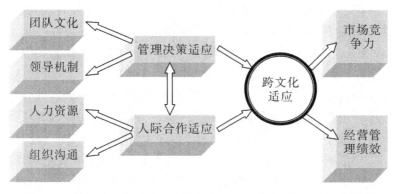

图 4 - 1 基于跨文化适应理论的海外工程项目跨文化适应维度模型

资料来源：杜红，王重鸣. 外资企业跨文化适应模式分析：结构方程建模 [J]. 心理科学，2001，24（4）.

文化适应各个阶段的应对措施，达到与前面所阐述的四个维度的适应。

在文化整合的探索期，需要全面考察海外工程项目所面临的文化背景状况、文化差异问题、可能产生文化冲突的一些相关方面，并根据考察的结果初步制订出整合同化的方案。这一阶段，双方表现为相互吸引，文化差异不那么明显，但应形成统一的领导决策机制。这个时期，甚至可能被忽略。只有主动地寻找各方的文化异同点，才能为将来的跨文化整合打下坚实的基础。因此一个强有力的、正确的领导机制在这一阶段是至关重要的，是文化整合成败的关键。

冲突期是进行文化整合的实施阶段，也就是文化整合开始执行的阶段。这一阶段往往伴随着一系列管理制度的出台。在冲突期，由于不同文化的直接接触，发生冲突在所难免，只是不同的海外项目的冲突类型不同、程度有所差异等。因此，在冲突期文化整合的速度和可能发生文化冲突的强度的关系应重点把握。

这一阶段文化适应的目标主要是人力资源利用和领导机制这两个维度。在这个时期，文化差异已经凸显，双方在心理上表现出相互排斥，进而可能引发文化冲突。因此，此时关键是把握好人的因素，通过各种规章制度，强制规范双方的行为，有效地利用人力资源，以防止冲突进一步发展和扩大；通过出台各种规章制度，监控障碍焦点，在人力资源利用和领导机制这两个维度上达到文化适应。

交汇期是指不同的文化逐步达到融合、协调、同化的时期，这是一个较长的阶段。在这个阶段，主要就是形成、维护与调整文化整合中的一系列跨文化管理制度与系统。这是一个动态的发展过程，"整合—同化"在这一阶段体现得最为明显。跨文化管理中需要采取深度访谈方式寻找适合于不同文化的"共同愿景"。

这一阶段文化适应的目标应是组织沟通维度。经过前一个阶段的碰撞与磨合，双方对彼此的差异已经了解得很清楚，对彼此的行为已经表现为相互理解。除了进一步形成、维护与调整一系列跨文化管理制度与系统外，领导层之间、上下级之间进行有效的沟通，对寻找"共同愿景"也是至关重要的。

融合期是指在文化趋向同化的基础上，海外工程项目整合、创造出新的文化的时期。这一时期的开始点相对于前面三个时期来说是比较模糊的，因为很可能文化碰撞的过程就是开拓和创新的过程，而且应该说随着项目的成长与成熟，融合期的主题和过程会不断地进行下去。要寻找出不同文化中的优点，摒弃不同文化中分别具有的缺点或不适应之处，促进一个创新的、充满生机的跨文化团队文化的整合形成，在文化碰撞的基础之上创新出具有独特风格的跨文化管理文化。

可以说，最后这一阶段既是整个文化适应过程所期望达到的结果，也是另一个开始。随着环境和项目的变化，整合—同化需要周而复始地不断进行下去，进一步建立和完善共同的经营管理价值观。此时，项目团队的和谐与沟通，对企业目标的完成、对共同文化的建立有着至关重要的影响。因此，这一阶段主要是通过团队文化与组织沟通这两个维度来实现文化适应的目标。

尽管前面提出了文化适应各个阶段可采取的措施，并对其所致力于的维度进行了划分（图4-2），但在现实的文化适应中，各个阶段并不是严格对应一两个维度，而是相互交叠的，不过各有轻重而已。①

4 海外工程项目跨文化管理研究框架

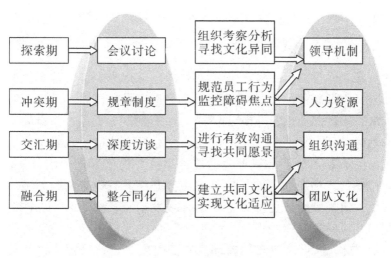

图4-2　基于跨文化适应理论的海外工程项目跨文化适应模型

———————

① 纪莉. 跨文化管理中的文化适应过程与模式研究 [D]. 大连：大连海事大学，2005：13-19.

4.2　CAS 理论在海外工程项目中的应用

　　前面我们分析了海外工程项目跨文化适应的四个阶段，从团队文化、人力资源、组织沟通与领导机制四个维度分析了达到跨文化融合需要采取的相应措施。本节我们将引入 CAS 理论来论证海外工程项目符合复杂自适应的特点，能够通过自身的学习、适应、自组织达到与异文化的融合。

4.2.1　海外工程项目是一个复杂自适应系统

　　霍兰教授提出的 CAS 理论的思想和框架为经济管理系统的研究开拓了新的思路。海外工程项目是市场的主体，是由人组成的；人的能动性使得项目不是"生产函数"，而是一个具有主动性的"活"的个体。本书研究的企业适应性机制是属于 CAS 理论的微观部分，是基于"适应性主体"的概念进行的。CAS 理论中的"适应性主体"的理论主要是指具有适应能力的主体是由一组规则组成的。当主体与环境发生相互作用时，主体根据其相应的规则进行反应，作用于环境，并根据产生的结果的"好"或"坏"来修改其内部规则。也就是说，当主体接收到环境的某方面刺激时，主体内相应的规则就会起作用，该规则属于"如果—那么"规则；即"如果主体接收到环境的 S 刺激，那么主体就会进行 r 行为"：一旦 r 行为为主体带来"好"的结果，那么该规则的适应度就会得到加强，反之则减弱，如图 4-3 所示。

　　在复杂的异国环境下，海外工程项目要想在复杂的跨文化环境下生存并发展，就必须具备变化的能力。因此，海外工程项目能够根据市场环境的变化调节自身的行为，即项目在受到市场环境改变的"刺激"后，与环境进行交互作用，不断地"学习"或"积累经验"，根据行为的效果修改战略决策和组织结构。如果海外工程项目适应性差到使其无法获利或继续生存下去，那么根据市场经济规则，该项目必然会失败。

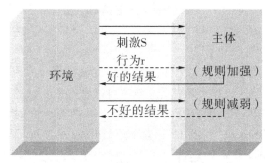

图4-3　适应性主体与环境的相互作用

同时，适应性主体和 CAS 理论涉及聚集、非线性、流、多样性四个特性和标识、内部模型、构筑块三个机制。霍兰教授指出："同时具有这七种性质的，没有哪个系统不是复杂自适应系统。"① 通过对海外工程项目适应性主体的探析，已经可以看出其所具备的复杂自适应系统性质和特征：②

海外工程项目系统首先由一些具有智能性的主体（员工）组成，这些主体具有解释其所处的环境、预测其变化并按预定目标采取行动的能力，它们形成多主体的聚集体——项目组，新的聚集体在新的更适宜自己生存的环境中得到发展，在系统中可以像单一个体般进行运动。但并不是任意两个主体都可以

① Holland J H. Emergence：from Chaos to Order ［M］. Addison－Wesley Publishing Company, Inc. , 1998.

② 吴绍艳. 基于复杂系统理论的工程项目管理协同机制与方法研究 ［D］. 天津：天津大学，2006.

聚集在一起，只有那些符合项目招聘条件、有利于完成项目目标、具有合作文化的主体才存在这种聚集关系。这共同的目标要求、选择的条件和规则赋予一种可以辨认的形式，该形式即是标识。

海外工程项目系统具有流和非线性特性，表现在工程项目各主体之间、各个子过程之间、主体和各层次与环境之间都存在着物质、能量和信息流；而且由于系统的复杂性，流的通畅度和周转的频度也很高。物质、能量和信息流的存在使得与系统的反复交互作用中，个体以及它们的属性发生变化。

海外工程项目系统中的多样性特征是很普遍的，比如项目目标的多样性、信息来源和形式的多样性等。同时，由于系统内部以及与环境之间的非线性作用使得海外工程项目管理的结果具有多样性和不稳定性。

海外工程项目系统的主体都具有预知环境变化、调整自身行为的能力，在适应环境、对刺激作出反应时都有其独特的内部机制和决策模式。对于整个系统来说，这就统称为内部模型。

海外工程项目作为复杂系统，是由相对简单的一些部分即构筑块通过改变组合方式而重新组合而成的，因而呈现出复杂性特质。①

综上所述，海外工程项目是一个由适应性主体构成的复杂自适应系统，可以运用 CAS 的建模方法和模式对海外工程项目跨文化管理进行研究。

4.2.2　海外工程项目具有跨文化适应的动因

海外工程项目作为一个复杂自适应系统，其最大的特点就是它是由大量具有适应性的主体构成的。主体的这种适应性，

---

①　吴绍艳. 基于复杂系统理论的工程项目管理协同机制与方法研究 [D]. 天津：天津大学，2006.

使得海外工程项目不但具有适应性、学习性、自组织性，而且具有主动性。项目内部各主体之间、主体与环境之间通过持续不断的交互作用，实现自身的演化，在此基础上涌现出项目整体地适应性。海外工程项目内部主体的主动性和适应性使项目既可以被动的适应外部环境的变化，又可以主动进行内部变革和创新。

（1）主体主动性是海外工程项目跨文化适应的根源

主体的主动性主要表现在它不仅能够被动地根据环境的变化作出反应，而且它本身具有能够预测环境的机制，在环境变化之前就会对环境的变化作出判断。由于作为海外工程项目的个体在参与项目之前已经具备了思维行为能力，并具备了对未来事物的预测能力，所以项目在主体的相互作用中涌现出了组织的智能性，并能根据对未来环境的前瞻性分析，基于自身管理水平和资源能力的积累，进行积极主动的变革，以谋求跨文化适应及在未来市场上的可持续竞争优势。

主体的主动性还表现在主体与系统的其他个体主动地进行交流。把组织看做复杂自适应系统时，更强调系统各部分相互作用的重要性，正是这种相互作用活动使组织能够学习和适应。[①] 特别是以信息为内容的高密度、丰富化的交流活动可以促进主体的价值创造，是改进自身学习能力的良好途径。在海外工程项目具备一个能够自由交流的平台的前提下，员工将各自所掌握的信息通过正式渠道与非正式渠道主动地与其他员工进行交流，进而提高了组织的学习能力，同时也提高了组织的适应性。

海外工程项目中，除主体（员工）具有主动性之外，由主体聚集而成的各子系统（职能部门、生产单位）也具有相互的

---

① Kauffmna. Athomeni the Univesre ［M］. Oxford：Oxofrd Univsesrity，1995.

主动适应能力。当项目内某一子系统因突变而功能加强时，其他子系统常常会主动增强自己的功能以满足功能增强的子系统的需求；当某一子系统遭到破坏而不能发挥应有的功效时，相关子系统能在整个系统作出统一调整之前，部分地替代被破坏的子系统，以维持整个系统的正常活动。正是由于子系统之间的主动的相互作用，项目才可能在环境变化时继续保持着对环境的适应能力。①

（2）系统与环境的交互作用是跨文化适应的基础

海外工程项目作为一个开放系统具有巨大的发展潜力，在其整个生命周期中，无时无刻不与所在环境进行各种交流，并随环境的变化而变化。只有系统与环境发生物质、能量和信息交换，才有可能使系统的有序结构和功能保持下来并且不断提高。② 由于"流"的特性是复杂自适应系统的最重要的特征，复杂自适应系统的进化和"流"有着密切的关系。这种物质运动形式是系统进化的动力源，也是系统活力和适应能力大小的一个重要指标。在复杂自适应系统的演化过程中，必然要与外界环境进行物质、能量与信息的交换，引起系统的整体有序度的变化。项目若不受外部环境影响，将日益趋向有序度最低即失败状态。当系统与环境相互作用产生的信息流大于内部变化产生的信息流时，项目有序程度不断增加，从而项目在变化中不断得到适应与发展。③

海外工程项目作为复杂自适应系统，其与环境的交互作用体现在项目与外在环境之间存在着各种交换，如图4-4所示。

---

① 陈小燕. 基于CAS理论的企业与环境协同进化研究 [D]. 天津：河北工业大学，2006.

② 马建华，管华. 系统科学及其在地理学中的应用 [M]. 北京：科学出版社，2003.

③ 陈小燕. 基于CAS理论的企业与环境协同进化研究 [D]. 天津：河北工业大学，2006.

它需要从环境中摄取相应的物质、资本、信息和人才，以满足项目自身生存和发展的需要；它需要向环境输出它的产品和服务，以满足东道国业主的需要。海外工程项目从环境中引入物质、资本、信息和人才，就是从环境中引入信息流，使得项目系统的有序度提高，项目就可以自发地组织起来，形成更高级的有序结构，也就是项目可以进入新的稳定态。① 复杂自适应系统在与环境的交互作用下，通过改进标识、重组构筑块为系统与环境的协同进化提供信息流，提供动力。

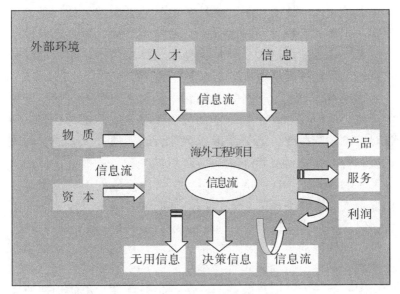

图 4 - 4　海外工程项目与外部环境的交互作用

————————

① 曾珍香，张兵. 基于复杂自适应系统的企业可持续发展模型研究［M］// 管理科学与系统科学研究新进展. 北京：中国矿业大学出版社，2003：583 - 587.

4.2.3 基于 CAS 理论的海外工程项目跨文化适应模型

根据上两节中分析的海外工程项目跨文化适应的动因与内在机制，本节进一步分析跨文化适应的各种要素，从而建立海外工程项目跨文化适应的模型。

（1）内部管理模型

根据 CAS 理论，所有个体都处于一个共同的大环境中，但各自又根据它周围的局部小环境并行地、独立地进行着适应性学习和演化。个体的这种适应性和学习能力是智能的一种表现形式。把海外工程项目看做复杂自适应系统时，更强调系统各部分相互作用的重要性。正是这种相互作用活动使组织能够学习和适应，能涌现出项目组织的智能性。

根据 CAS 理论，海外工程项目中的员工是具有自适应能力的个体，他们能够在个体智能的指引下，发现周围的信息，通过对信息的选择并付诸行动形成个体行为，通过个体的学习来调整和提高个体的智能，以适应环境的变化。同时，个体的行为又影响着其他个体与周围环境。而且由于他们不完全由系统内部条件决定和不可完全预测性，他们的行为具有显著的涌现性。组织中的个体智能通过涌现形成组织中团队或部门的智能，它们共同作用涌现出组织的智能，即项目团队文化；组织中个体的行为在自组织的作用下涌现出团队行为，同时共同作用涌现出项目的行为；项目的行为又通过领导决策与组织沟通改变了组织所处的复杂环境；项目团队文化持续影响着项目行为，决定了项目组织在复杂环境下采取的行动。

因此，在海外工程项目中，为了更好地实现跨文化适应，一方面要加强人力资源的培训与考核，另一方面要加强项目内部的领导决策管理，建立健全组织沟通体系，培养团队文化。如图 4-5 所示。

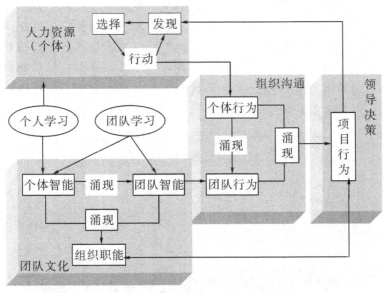

图4-5 基于 CAS 理论的海外工程项目内部管理模型

（2）外部协调模型

海外工程项目与环境在不断地进行着物质、能量和信息的交换，努力维护自身与环境之间的平衡，以求得适应性和持续发展。它是一个存在于一定环境之中的开放系统。如图4-6所示，海外工程项目从外部环境获得人才、物质、资本、信息的支持，同时也为环境提供人才、利润、产品和信息等。因此，海外工程项目实现跨文化适应的过程，也是项目不断以多种形式与东道国环境相互适应的过程。

海外工程项目与环境实现适应的过程主要有两点：一方面，由于项目系统内具有主动性和内部预测机制的主体通过聚集使项目系统层面具备了主动性和预测性，在项目内部的运营机制下，项目根据对未来环境前瞻性的分析，基于自身管理水平和资源能力的积累进行积极主动的变革，来谋求与外部环境的适应；另一方面，由于外部环境的变化，复杂自适应系统的刺激反应能力被激发，系统从环境中不断吸收信息流，分析系统内不能适应环境变化的子系统，然后通过学习和重新组织内部积木来适应外界环境。在跨国经营条件下，被动学习和模仿两种方式并存并相互作用。无论是被动适应还是主动创新，海外项目系统都要受环境的影响，同样也影响着外界环境。

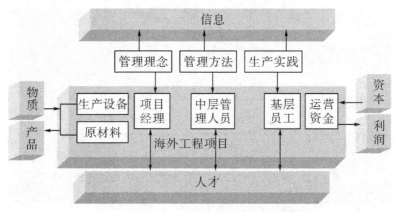

图 4-6　海外工程项目与外部环境的相互作用

海外工程项目在一定程度上是一个在与外部环境交互作用过程中不断进化的主体，所以跨文化经营环境下的项目是在自主变革和适应环境双重因素下进行的。因此，无论是项目被动地适应环境变化而进化，还是项目主动进化以引起环境的进化，都说明项目与环境是相互受益、相互制约的。

项目自身的进化依赖于与环境的相互作用，它不仅是对环境变化的被动适应，而且应该发挥项目的主观能动性，对外部环境的变化通过采取一定的措施来适应甚至是影响新的环境，从而掌握生存的主动权。鉴于此，项目与环境协同进化的模型如下：

从图 4-6 可以看出，项目系统的进化会引发环境系统的进

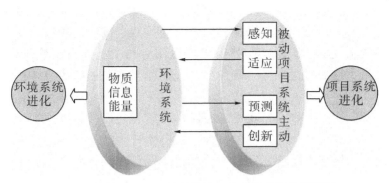

图 4-7　基于 CAS 理论的海外工程项目外部协调模型

化，同样，环境系统的进化也会使项目系统发生进化。环境系统在其主体交互的作用下会发生变化，从而实现自身的进化，而变化的环境信息通过项目感知功能成为项目变革的动力与压力。项目系统采取相应措施，实施相应变革以适应环境的变化，变革的实施使项目在环境变化的压力下发生进化；CAS 理论告诉我们，当面对外部环境剧烈变化的情况时，海外工程项目主动将项目外部环境的复杂性内部化，进行模仿和创新，主动适应环境的变化。从宏观角度出发，应该积极搜寻、预测周围环境的信息，重新组合项目资源与能力，主动进行项目创新，主动进化，主动塑造环境。

4.3　构建我国海外工程项目跨文化管理机制的思路

4.3.1　我国海外工程项目跨文化管理模型

基于跨文化适应理论和复杂自适应系统理论，构建我国海外工程项目跨文化管理机制，要从内部管理与外部协调两方面入手。我们知道，海外工程项目实现跨文化适应是通过团队文化、人力资源、组织沟通、领导机制这四个维度的相互作用与协调实现的。同时，海外工程项目作为一个复杂自适应系统，是由大量的根据各自的特点或者规则相互作用的行为主体组成的。这些行为主体能够与环境及其他主体进行交互作用，在持续不断的交互作用过程中，不断学习或积累经验，并根据学到的经验改变自身的结构和行为方式。这种主动与环境的交互作用是海外工程项目发展和进化的基本动因。基于此，人力资源是海外工程项目这个复杂系统与外界环境跨文化适应的基础。要加强员工的培训与激励，提高其自我认知和责任感，更好地发挥其主动性。

系统内个体之间的交流与学习，离不开正确的领导。从相对宏观的角度来持，海外工程项目组本身是一个向外在环境不断学习和实现自我进化的行为主体，而项目的特点决定了领导机制起着至关重要的作用，它是项目制定发展战略与各项规章制度、调整自身结构、不断适应环境的关键所在。

CAS 理论为海外工程项目的组织管理模式提供了一种新的思路和方法，使之能够根据外在环境的改变而自行转变其运行模式，以适应外部环境的要求。CAS 理论要求海外工程项目以柔性经济的原则设计并调整其组织结构，建立分权程度较高的组织层级，不断提高对环境的预测水平和能力。这既是从微观上调动企业内部员工积极性的措施，也是从宏观上提高企业整体适应能力的有效途径。

在跨文化环境下，企业团队文化既是海外工程项目与外在环境交互作用、不断学习适应的结果，又是海外工程项目与环境进一步协同进化的有力指导。只有建立协同的团队文化建设机制，才能不断提高企业的适应能力、学习能力与自组织能力。

基于 CAS 理论，海外工程项目是一个复杂自适应系统，具有从属于适应主体的环境创造机制，具有永恒的新奇性。它与东道国、母国政府、母国本部之间不断发生着交互作用，通过感知、预测达到适应和创新，实现自身调整和进化，同时也影响着外界环境的变化。

　　根据上述分析，我们构建我国海外工程项目跨文化管理模型，如图4-8所示：

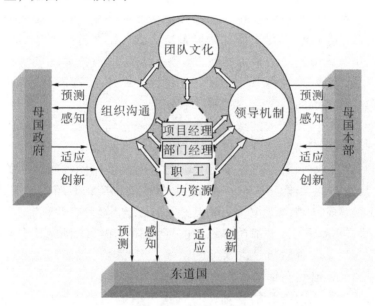

图4-8　我国海外工程项目跨文化管理模型

4.3.2　提高我国海外工程项目跨文化适应能力的思路

　　（1）夯实跨文化适应的坚实基础：人力资源管理

　　在跨文化经营环境的复杂条件下，要尽快消除文化差异带来的文化风险，达到与异文化的适应与融合，海外工程项目要建立内部的应变机制。人力资源的投入可以增强组织的灵活性和弹性，有利于提高海外项目自我管理和跨文化适应的能力。

　　根据 CAS 理论，海外工程项目是由大量的根据自身特点与习惯、思维方式等相互作用的中外员工组成的复杂自适应系统，项目员工能够与其他员工及其所处的环境之间进行交流、学习与适应；在这种持续不断的交互作用中，不断吸取教训、积累经验，并据此改进自身的思维方式与工作习惯，从而实现与项目环境的适应与融合，并在此基础上实现海外工程项目在整体层面上与外部环境的适应。这种员工与环境的交互作用是海外工程项目实现跨文化适应的智能基础。因此，海外工程项目要高度重视人力资源的培训与激励，提高员工的自我认知能力和责任感，更好地发挥其主动性、创造性。海外工程项目应将管理模式从传统的偏重于"控制"转向偏重于"协调"。一方面，要重视海外项目员工的选拔与培养；另一方面，要通过采取正确的激励方式，充分调动项目成员的积极性和能动性。随着社会的发展，人们已不再过多地关注自己的经济问题，而转向关注自己的人生目标。这时，项目的管理观念也应该有新的转变，即，使员工从被动地位转为主动地位、从谋生转向谋事。这样一来，当每一个员工都在组织大的环境下，在组织目标的引导下，积极主动争取自己的事业的时候，自然会有大的动力和强的主动性，必然会带来组织的活力和动力。

　　当然，人力资源的管理，不只是简单地培养人和吸引人，最关键的还在于恰当地用好人和创造良好的、有利于人才成就事业的环境和条件。只有这样才能真正稳定人才和发挥人才的巨大作用。

　　（2）打通跨文化适应的有效途径：组织沟通管理

　　在传统的组织管理中，管理者们以严格的制度和控制指令来指明各个单位和部门的工作，在形式上呈现为宝塔式的层次性结构。面对异文化环境下东道国不断变化的复杂的外部环境，这种组织形式存在很大的局限性。为了在跨文化环境下生存和发展，海外工程项目管理者需要研究和调整项目的组织结构关系、合理设计组织权力的分配、设定组织运作的机制并建立畅通的组织沟通渠道。

要改变海外工程项目原有的组织结构，使得个体能够自主能动地处理各自面临的环境、发挥它们各自的潜能——这些潜能的聚合构成了整个组织巨大的生命力，海外工程项目内部员工之间要建立扁平化的组织结构形式，激发每个员工的劳动积极性、创造性，从整体上提高项目的经营活力与对外适应力。要提高员工参与管理的程度，适当处理分权与集权的关系。统得太严、管得太死的组织结构模式会使项目员工处于屈服、叛逆和顺从的状态之下，不能进行复杂性学习，不能有效沟通，也不能形成统一的价值观和项目凝聚力。只有在建立相对宽松的充满活力的组织模式，鼓励个体创新、公开质疑和公开测试假定的情况下，复杂性学习的群体行为才会涌现。当这样的群体行为实现后，人们在经过争论和沟通之后，意见接近一致并实施统一行动。

根据复杂自适应系统理论，海外工程项目是由充满了活力与自组织力的员工组成的；员工能够通过个体之间及与环境之间的学习与交流实现自适应，同时，能够在整体层面上实现组织与外界环境的适应。因而，应该创建一种适宜的组织形式，以实现项目成员之间的自由协作并允许新的组织模式涌现。至于如何在组织中确定适宜的约束程度，将视情况而定。在海外工程项目发展过程中要不断地进行观察和控制，以形成最佳的组织结构，保证项目内部成员之间有效地进行沟通与协作，最终实现项目的整体功能。

（3）铸就跨文化适应的核心：项目团队文化

团队文化是项目在适应外部环境、整合内部资源过程中形成的行之有效的共享的价值观和经营实践，它被用来指导员工在组织活动中形成认识、思考和行为的正确方式。由于文化差异和冲突的存在，海外工程项目的团队文化具有明显的劣势，同时，它也具备同质文化团队所不具备的创新与应变能力，蕴含着巨大潜力。海外工程项目要想在跨文化经营的复杂市场环境中站稳脚跟、创造佳绩，就必须整合项目团队文化，确立适应环境变化的新的经营理念、管理哲学、行为规范，形成新的团队精神和团队价值观，使项目团队文化与东道国文化达到协同。协同的团队文化的形成，是海外工程项目实现跨文化适应的核心。

海外工程项目应强调团队的价值文化观念，提倡内部的合作与竞争，鼓励奋斗，容忍失败，激发员工创造力，从而培养员工的整体价值观和集体创造力，树立员工的荣誉感、责任感、地位感，实现员工自我创新、自我鼓励、自我控制、自我管理。海外工程项目团队文化的管理理念是一种开放性的管理理念，它以文化精神和文化价值的理解和贯彻为特征，鼓励自由自在地创造，强调以人为本的经营理念，努力创建新秩序和创立高效率，在有序化中实现人生理想，体验人生意义，创造社会财富。

（4）抓住跨文化适应的关键：领导决策机制

海外工程项目面临的问题错综复杂，对其领导人的要求很高，因而正确地选择团队领导人、形成坚强的领导核心、提高项目的领导决策能力便成为海外项目跨文化适应的关键。

在跨文化经营的复杂环境下，现有的管理理论往往把海外工程项目视为一个确定的、结构明晰的系统，认为其行为和结果是可以预见的。在这种理论的指导下，人们总是试图去消除系统的复杂性，从战略层到操作层都努力去追求过程的可控制性和结果的确定性。海外项目发展形势的分析只是由处于层级顶端的领导层来完成，这些人往往远离强烈经历外部环境压力的系统边界。消减系统复杂性的方法是传统企业管理所习惯采用的领导决策机制，它忽略了员工的主动性及适应性，使员工之间以及员工与环境的联系程度降到最低。在这种领导机制下，项目对外界环境的反应不灵敏，而且信息传递速度慢，甚至会出现信息失真的现象，导致决策失误。

在用 CAS 理论解释海外工程项目的过程中，海外工程项目作为一个复杂自适应系统，具有从属于适应性主体的环境创造机制，面对环境复杂性不断增加的情况，不是采取削减复杂性的方式，而是将环境复杂性内部化。通过员工参与管理，使项目对环境的多种反应模式保留到行为库中，增强组织的灵活性和弹性。

海外工程项目员工具备复杂自适应系统主体的特性，同时，由于人的特殊性，员工对项目组织的环境是高度敏感的。海外项目员工了解项目活动的具体细节，能够在工作中作出自己的判断，拥有为特定的个人所支配的，与特定时间、地点相关联的专业知识与隐性知识。项目员工在获得外部环境变化的信息后，便会利用自己所掌握的知识和技能在工作中作出自己的判断和决策，并依靠员工之间的信息交流网络传递信息，适时对环境的变化作出反应。这使得项目决策尽可能产生于发生信息的地方，减少决策在时间与空间上的滞后，使员工对环境与市场的需求变化作出更快的反应。员工参与管理使拥有专业知识和技能的员工承担相应的管理技术工作，使组织能及时对环境变化作出反应，具有环境敏感性。[①]

同时，通过领导行为的经济学分析，我们知道，在海外工程项目这样一个相对特殊的环境下，项目经理所采取的领导行为更多地应是"关系取向"的，而且这种关系取向更多地体现

4 海外工程项目跨文化管理研究框架

---

① 陈小燕. 基于 CAS 理论的企业与环境协同进化研究 [D]. 天津：河北工业大学，2006.

在加强与团队成员的沟通、与团队成员建立良好的个人关系以获得更多、更准确的信息等方面。

(5) 强化跨文化适应的保障：外部协调机制

海外工程项目是一个开放的复杂自适应系统，具有从属于适应主体的环境创造机制，具有永恒的新奇性，在其整个生命周期中，无时无刻不与东道国、母国政府、母国本部进行物质、能量、信息和人才交流。一方面，海外工程项目在东道国环境中经营，要尊重当地的宗教信仰、风俗习惯，遵守当地规章制度，要得到当地政府的支持，获得当地人民和社会团体的认可，与当地企业进行交流与合作；同时，海外工程项目作为我国的外派团队，受到母国文化理念、政策制度、行业组织及等的影响，这充分体现到项目的经营模式、工作方式等方面；另外，母国本部对海外工程项目进行管理、指导，并提供人才、资金、信息与后勤保障，两者有着不可分割的联系。另一方面，海外工程项目又向东道国输出它的产品和服务，为母国政府和本部提供实践信息、创造利润、培养人才，也影响着上述环境的变化。

CAS 理论告诉我们，复杂自适应系统与环境的交互作用是其实现跨文化适应的基础。正是在这种与外部环境的交互作用中，海外工程项目得到不断演进与发展，从而实现与外部环境的跨文化适应。因此，海外工程项目的跨文化管理，离不开外部环境的支持，从东道国、母国政府、母国本部等方面加强协调与沟通。建立一套有效机制，创造良好的外部环境，乃是海外工程项目实现跨文化适应的有力保障。

5

海外工程项目跨文化适应的内部管理机制

根据跨文化适应理论和 CAS 理论，海外工程项目作为一个处在异国的居留者，不可避免地面临着由文化差异所带来的文化冲突。项目组成员只有逐步与异文化接触，不断学习，调整自身的结构和行为方式，才能逐步适应异文化。同时，海外工程项目作为一个复杂自适应系统，本身具备适应、学习与自组织能力。只有充分激发项目主体的主动性，才能实现海外工程项目的跨文化适应。本章我们将从团队文化、人力资源、组织沟通、领导机制四个维度来论述海外工程项目跨文化管理的内部管理机制。

5.1 跨文化适应的核心：协同的团队文化

5.1.1 海外工程项目团队文化的特点分析

如前所述，文化是有刚性的。海外工程项目团队与一般项目团队的本质区别就在于文化因素的干扰。由于文化的刚性，在海外项目团队中，文化多样性的相互碰撞成为团队始终要面临的一个问题。

（1）海外工程项目团队文化的劣势

从海外项目团队的发展过程与面临的文化风险来看，由于海外项目团队是一种跨文化的异质型的团队方式，文化因素左右了其所有运作阶段，与同质项目团队相比，异质团队中的跨文化问题如表 5 - 1 所示：

表5-1 海外工程项目团队文化的劣势

团队发展角度	①团队融合过程步履维艰，不仅时间上而且在投入的精力上都比一般的项目团队要多且复杂。文化多元性要求各方都能作出让步
	②由于语言障碍产生的语义双关、多种语义和语义不清，导致工作紧张程度高，且产生误解的可能性增加
	③信息整理过程容易遇到阻力，因为它是按照不同的解决问题原则和存储系统进行的
	④对领导意图和工作目标的多种理解和误解导致组织整体效率下降
	⑤团队凝聚力较低，因为价值观不同，缺乏共同点，基础较弱，缺乏归属感
	⑥团队自我整合能力相对较差。这突出反映在团队发展的两个阶段上：在团队的成型阶段，群体成员就要在内部或外部的督促下进行大量的跨文化的培训，以及熟悉团队成员的组成。没有一个有能力的团队领导人，团队工作是无法进行的；在项目进行阶段中，团队成员纷纷表达自己的挫折与不满。由于各自文化背景的不同，团队往往陷入无法达成一致性的结局，给后期的工作造成时间上巨大的浪费，甚至引起团队成员内的不和
	⑦项目团队面临外界环境的干扰更大，有来自母国的，也有来自东道国政治、经济、法律法规等多方面的干扰因素
文化风险角度	①个人在忠于团队和忠于他们母国的经理之间显得进退两难
	②可能很难达成一个统一的方法
	③语言和沟通的障碍使得达成有效性的最佳方式要耗费很长时间
	④不工作时可能会感到孤立和毫无动力，在外工作影响家庭生活，在国内的问题上容易引起分心
	⑤由于不同的观点，存在潜在上升的矛盾
	⑧某些文化习俗对来自其他文化背景的人可能有冒犯之嫌
	⑦这种团队需要对人员进行培训和技术上的投资以避免重大的错误
	⑧缺乏支持的国际化团队可能会使重要成员感到伤筋动骨，而使他们坚持各自国家的陈规
	⑨对于团队成员来说，建立平等的报酬和评估流程是一个挑战

资料来源：Maggie James. Leading a Multinational Team of Change Agents at Glaxo Wellcome.

2. 海外工程项目团队文化的优势

海外项目团队文化是双头分布的：他们要么比单一文化团队好出许多，要么糟糕很多。海外项目团队已经成为当今世界一种重要的团队组织形式。第一，全球化的趋势并不代表文化的趋同；相反，当世界变得更为民主时，文化的多样性是值得提倡的，因为多元化不是目的，而是达到世界和平与繁荣的手段。第二，海外项目作为全球化最有力的推动者，需要不断创新的意识才能在激烈的竞争格局中立于不败之地，而文化的多样性正好能达到此种效果。一份关于组织和组织效率的关系的调查表明，异质群体，也就是海外团队比同质团队更具有创新和学习能力。第三，海外项目团队与同质型团队相比，在成本节约、资源获取、市场营销、解决问题、组织灵活性方面等都占有了绝对的优势。Maggie James 总结了海外工程项目团队文化的优势，如表 5-2 所示：

我
国
海
外
工
程
项
目
跨
文
化
管
理
研
究

表 5-2　　　　海外工程项目团队文化的优势

海外项目团队的优势	①能有效地利用资源，避免重复性
	②可以产生全球性的解决方式，它能有效地针对当地需要
	③使组织能从多元化的视角受益，这种多元化与他们的目标群体是紧密联系的
	④促进组织了解变革的要求
	⑤高的内在回报：公司内来自不同地区的员工以及分布在不同分部的员工可以相互学习，创造解决问题的多种解决方案
	⑥扩展了国际化开发、发展的机遇
	⑦逐步专业化，提高士气
	⑧团队成员及领导通过沟通可以增加技能
	⑨使活动能在多个不同国家同时进行

资料来源：Maggie James. Leading a Multinational Team of Change Agents at Glaxo Wellcome.

由此可见，海外项目团队文化比同质团队具有更宽广的视野和解决问题的更多平台，因而即便是面临着诸多劣势，海外项目团队文化还是受到人们的青睐。

综上所言，由于文化的特性，特别是文化的刚性存在于海外项目团队中，其团队文化的多样性呈现双头分布：利用好了，可以发挥同质文化团队所不具有的优势，如创新思维、创新的产品、较强的应变性等；利用不好，那么多样性的团队会比同质性团队糟糕很多。所以建立高效的海外项目团队文化的重心就是解决文化差异带来的文化冲突问题，创造发挥差异优势的可行机制。

5.1.2　解决项目文化冲突的有效途径

文化给海外工程项目带来的一切如前所述是非常显性的，忽视这种差异或者否定差异而导致失败的实际例子数不胜数。问题的关键是如何解决文化差异带来的冲突，进而发挥这种差异文化的优势。

前面阐述了种种差异化可能带来的优势，然而要形成这种优势的挑战也是摆在我们面前的一大难题。从海外团队的发展过程来看，在团队建立的初期，由于领导者的鼓动作用，各团队成员处于一个相互了解的阶段；到了自我认知的阶段，由于协调者的作用、团队成员角色、职责的界定等问题，团队内部就开始出现冲突，而这时的冲突还不是很引人注目；随着时间的推移，这种矛盾不断积累、越来越多的时候，冲突激化，成为团队成员不得不面对的问题。如何从第三阶段过渡到第四阶段才是关键，因为成熟的运作阶段表明了差异化所带来的巨大价值。而这种文化上的冲突的解决上升到更抽象程度来看，就是文化冲突管理，或者说就是冲突管理在文化差异团队上的应用。

提到冲突，人们会惯性地去回避它，认为它是一种阻力，是一种消极因素。但是冲突的本质是什么，恐怕大多数人并不知晓。从根本上说，从性质来看，冲突有两种：一种是恶性的冲突，它会引发灾难性的后果，是由于双方目的不一致而造成的；一种是良性冲突，是由于双方目的一致而手段或途径不同而造成的。这类冲突对于项目目标的实现是有利的，一旦运用得当，它会给项目团队带来源源不断的创新力量。

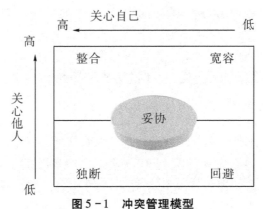

图 5 - 1　冲突管理模型

资料来源：Rahm A. Bonoma I. Psychological Reports, 1979：44.

Rahim 和 Bonoma 经过研究总结出一个测量冲突的模型。根据 Rahim 和 Bonoma 的冲突管理模型（图 5 - 1），冲突管理方式可以分为五种，即：回避、妥协、宽容、整合和独断。这五种方式都包含了两个层面上的考虑：一个是对于自己的考虑，另一个是对于他人的考虑。回避方式所表现出来的特点是，对己对人的考虑都比较低，其特点是在行为上回避冲突；妥协的特点是，对己对人的考虑处于中间位置上，也就是说采取有得有失的方式，力求达到双方都可以接受的程度；宽容的特点是，考虑别人多于考虑自己，其目的是降低冲突双方的差异，强调双方的共同性。整合反映的是，对己对人都是予以充分的考虑，冲突双方公开讨论解决问题的方法，力求达到双方都满意的结果，即双赢；独断则只是考虑自己很少考虑别人。据此，又由于文化的刚性和文化的习得性，我们不妨得出这样的结论，我们解决海外工程项目文化冲突的最佳选择途径是"整合"。

按照文化要素对象的不同，文化整合的工作包括三方面的内容：

①价值观念的整合。苏里南项目在跨文化经营的过程当中通过宣传、动员，将不同的看法规范成为一种新的与企业发展战略统一的价值观念。价值观的整合是文化整合的核心。如果一个项目的员工在思想认识上有很大的分歧，那么团结、协作的团队精神就无从谈起。

②制度文化的整合，制度文化是企业文化的重要方面。制度设立应简洁扼要，制度一旦确立要严格执行，不能徇私舞弊。

③物质文化的整合。物质层面的一些文化能够进一步强化员工对项目的认同感和对团队深层文化的理解。比如，统一的着装能使员工产生归属感和纪律感。公司的商标、标识物、厂房车间、生活环境等物质因素，都与团队文化一起，逐步在员思想上发挥影响力。如图 5-2 所示：

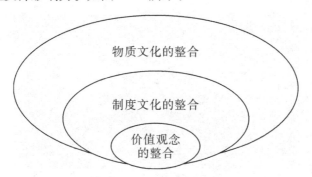

图 5-2 文化整合的层次

5.1.3 建立协同的项目团队文化

有些人总有认识上的误区，认为把不同文化背景的人放在一起，他们就会自然而然地相互学习，队员就会变得更加多元化，各自文化中的东西也会越来越少。其实不然，有调查表明，团队不会花时间去在成员之间建立关系或讨论过程和规范，而是直接面向工作任务开始积极去工作。另外有研究也表明，跨文化团队里，在有压力的情况下，队员会更趋于本国化，如中国队员会变得更加中国人，美国人会更加美国人，管理不好，团队的绩效会变得一塌糊涂。对此，评论家和咨询顾问似乎更倾向于认为新组成的团队不应简单地钻研他们的任务，但他们在"团队成员应该做什么"的问题上又存在歧义：一种方法是在工作之前建立相互之间的关系，另一种是确定角色和培养以角色为基础的相互关系，而不是以人为基础的关系。而要避开这种歧义的争论，文化协同无疑是一个很好的思路，即通过探讨文化之间的相似性和差异性来建立第三种文化价值观，即，通过共同的行为规则及团队共同的价值观来整合差异，协同不"合"。

这里我们可以借助于20世纪六七十年代美国敏感培训领域比较流行的技术——约哈里之窗来进行操作。约哈里之窗模型认为承认文化差异是发现潜在的冲突与机会的第一步。但为了能超越意识，创造所希望的结果，这些差异是需要拿出来公开讨论的，如图5-3所示：

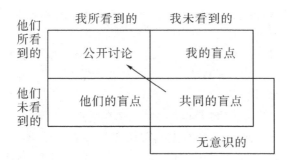

图 5-3 约哈里之窗

资料来源：苏珊·C. 施奈德，简·路易斯. 跨
文化管理 [M]. 北京：经济管理出版社，2002.

约哈里之窗试图阐明关于我个人的情况，哪些是我清楚的，
哪些是我不清楚的，哪些是别人清楚的，哪些是别人不清楚的。
我们如何认识自己和如何认识别人。这些因素可能影响到有效
的相互交往的行为。我们可以通过自我发现和反馈，对其中的
盲点进行更深入的认识。如，首先让团队成员讨论各自民族的
特点和本性以及如何影响他们的行为，接着，让员工思考、识
别他们之间的共同点和盲点。另一个活动就是测试文化知识，
看团队成员对其他文化的了解程度。可做游戏、练习、看录像
并展开讨论。主要讨论成员在组织多样化方面所作出的努力。
通过此阶段的分析，我们可以一目了然地看清文化之间的差异
和重叠区域。自然下一步就是提出文化的协同方案，即通过一
个"合"的文化环境来引导"不合"的因素发挥其优势的解决
方案。由团队成员提出各自认为比较好的解决方法，或者由团
队领导人提出，经过大家的评估后，最后选出一个最佳的方案。
　　需要注意的一点是，面对员工多元化的价值观和需求，团
队最核心的东西是建立新的团队工作价值观和规则，将多元的
价值观转变为一个大多数员工认同的共同价值观念，即团队的

核心价值观，以求增强团队的凝聚力，保证团队成员一致的努力方向。尽管海外项目团队的特点是一次性的、暂时的，并以任务为导向，但是团队成员之间的归属感，相互理解、尊重、合作的气氛，能够把团队中的其他人看成"我们"而不是"他们"是极其重要的。共同价值观的建立无疑获得了很多方面的认可。就像文化的融合机制一样，它是解决差异的一个"大"的土壤环境。而建立这种协同需要通过事前的文化差异识别和敏感训练来实现。团队成员提高了对文化的鉴别和适应能力，在文化共性认识的基础上，才能根据环境的要求和项目战略的需要，建立起团队的共同观念和强有力的团队文化。①

5.2 跨文化适应的智能基础：有效的人力资源管理

5.2.1 海外工程项目人力资源的特点

海外工程项目中的每个员工都是一个自适应的主体，与其他员工之间、与项目团队之间发生着交互作用，不断适应和改进自身的行为，从而实现跨文化适应，在此基础上涌现出项目团队与外界环境的适应。因此，人力资源是海外项目跨文化适应的智能基础。

而海外工程项目又因其不在本部所在母国内，造成了实施项目时面临着调遣人力、物力及资金在国际间的周转等活动，为项目的经营活动提高了难度。海外工程项目的人力资源管理既不同于一般的跨国企业，又不同于一般的工程施工企业。所以，海外工程项目的人力资源管理与传统企业和跨国生产企业

---

① 杨钦. 跨国项目团队的跨文化管理研究 [D]. 武汉：武汉大学，2005：19－30.

有着很大的不同。

（1）综合能力要求较高

海外工程是一项充满风险的事业，同时海外工程发包方式的变化，多媒体、电子商务的普遍应用以及科技进步对工程管理方面的人才要求日益提高，迫切需要一大批复合型、开拓型、外向型的中、高级国际工程管理人才。"复合型"主要是指知识结构要"软""硬"结合，既有坚实的专业技术基础，又要通晓管理，有经济头脑，并具有较高的外语水平。"外向型"主要指要熟悉国际惯例：在技术方面，要熟悉国外的技术规范和实验标准；在经济方面，要了解金融、外贸、财会、保险等有关知识；在管理方面，要熟悉国际工程管理的模式和要求，懂得国际通用的项目软件的应用；在外语方面，应具有听、说、读、写的能力，能熟练地阅读招标文件，直接用外语进行合同谈判和技术问题商谈。"开拓型"主要指要有远见卓识，对商务敏感，有正确的判断能力和快速应变能力，掌握社交公关技巧，有进取精神，会主动寻找机会，有强烈的市场意识，敢于和善于开拓市场，又有风险意识，不怕困难，百折不挠。培训懂技术、会外语、精通国际商务和法律的复合型管理人员和高水平的项目经理已成为国际工程企业发展的普遍趋势。

首先，国际工程所包括的项目种类繁多，涉及土木、电力、电子、能源、机械等多学科、多专业领域。为了项目的实施，承包商外派工作人员时，专业性的技术人员必须要满足项目实施在技术、质量和进度上的需要，但是劳务成本限制了外派人员的数量，故承包商不能像在本国内实施项目一样，外派相当多的技术人员。

而且，当今大型国际工程承包商大都走的是项目总承包的路子，这就需要承包商主要做好对项目的全局性的控制和把握工作，不能像传统的施工企业，实行"人海战术"。分部和分项工程可以采用分包的方式让合作企业来完成。这既减少了承包商自身的风险，又锻炼了企业的外派员工。

其次，外派的人员不但要是技术上的专家，还要在管理、语言、环境适应能力、沟通等方面都有一定的综合能力。外派的工作人员要体现出"一专多能"。

现在在海外工程项目的管理中，外派人员大多是中层和高层的管理和技术人员。所以，更多的是体现管理人员的沟通能力。第一，中高层管理者最关键的是面对业主和监理，除了对管理者在技术方面有要求外，还要有良好的沟通能力，以利于处理项目中出现的问题。第二，对于大中型项目，由于其工作人员更多的是他国人员，在语言、文化、风俗习惯、宗教等方面都和母国有着很大的差异，实施计划、安排工作都要求管理者不仅有一定的语言沟通能力，还要了解项目所在国的社会风土人情。沟通协调能力是管理者最为重要的一种管理能力。

再者，在知识经济的大潮下，外派人员还要能对出现的新技术、新科技有比较灵敏的感知力、比较强的对新情况的适应力。从承包商的长远发展来看，外派人员不仅仅要考虑在手项目的顺利实施，还要考虑企业下一项目中可能出现的新情况，要开拓新市场，同时为企业的发展提供长久的人员储备。

综上，海外工程项目的实施需要高质量的人才。这就需要企业在制定人力资源管理的策略时，既要考虑到引进人才需注重高水平、有发展潜力，又要注重各行业人才的匹配，还要考虑到后期人才的培训和开发问题，以保持企业员工在技术上、管理上都能和行业的发展相协调。

（2）人员流动较为频繁

首先，毋庸讳言，国际工程承包企业的眼光是放眼全球的。如果没有后续的项目，在一个国家的项目实施完成后，项目人员一般都会转到下一个项目去。这样，这些人员可能会从非洲转到拉丁美洲，也可能会从一个富裕的国家转到一个经济水平较低的国家。

国际工程承包企业和制造业的跨国公司不一样。很多跨国公司对外投资时，在国外设立生产厂房，派驻技术、管理人员，购置生产设备，但是地点一旦定下来，就不会有大的改变，外派人的员可以在一个国家长驻几年甚至十几年。而海外工程项目的工期，少则几个月，多则两到三年，极少有项目会长达十年左右。一项调查数据显示，工程项目的工期一般是一年到五年。这样，项目的周转给企业在人员的管理和协调方面带来很大的难度。

其次，项目人员的休假和轮换可能会给项目的实施带来问题。我国的国际工程承包企业的一般管理方法是，员工每年享受一个月带薪回国探亲。由于很多因素，这些回国人员可能在假期满后去另外一个项目。再者，从人力资源管理的角度来看，工作人员也不宜长期在一个地点待下去。因为在不同项目之间的流动也会锻炼企业员工，增强员工的适应性，丰富员工的经验。

人员的高流动性，使得项目在管理上要考虑人员的报酬与辛苦度挂钩。由于我国的海外工程项目多是在亚洲和非洲、拉丁美洲，这些国家的经济水平、社会环境相对来说需要员工有很强的适应性和忍耐力。如果项目制定的薪酬和激励制度适应不了员工的需求，可能会造成项目人员的流失或工作积极性的降低，为项目实施带来障碍。除此之外，海外项目也要注意对员工的思想政治教育，让员工树立奉献精神。

（3）文化差异影响深远

海外工程项目所在国和我国的政治、文化、生活方式都有着很大的不同。海外工程项目中的人力资源受文化的影响主要有以下几个方面：一是管理体制与"为谁服务"理念中的文化差异。我国文化偏重于群体秩序中的个人，注重群体和人际关系，在决策方面往往采取集体研究、集体负责；而西方文化的主要特征是以个人为本位、崇尚自我，鼓励创新，提倡竞争拼搏，并提供个人发展空间。二是价值标准的差异。不研究他人文化，而习惯于用自己的文化作为解释他人文化的工具必然导致曲解他人的文化。在一种文化环境中习以为常的做法，在另一种文化环境中可能会导致失败。三是交流沟通上的差异。人们在沟通过程中存在着语言以外的障碍和差异，这主要是由不同文化背景的人的感知方式有差异所致。工程项目管理的全部活动都归结为人与人之间的沟通和信息的交换。为此，在海外工程项目管理的实践中，管理人员除了应精通工程的"成本、质量、工期"的控制外，还必须深谙不同文化背景必将产生不同的行为方式，研究文化差异对管理工作带来的影响。

随着全球经济一体化的深入，国与国之间在组织战略、结构、技术等方面正变得越来越相似，然而在组织中来自不同文化的群体仍然存在差异，原因在于国与国之间的价值观念和生活方式并不完全相同。在国际竞争日趋激烈的形势下，跨文化管理在项目经营活动中就日趋重要。海外工程项目要学会在跨文化条件下克服异质文化的冲突，进行卓有成效的管理，加强外派人员的不间断的培训工作。因为外派管理人员频频地与当地组织、人员发生沟通和交流，必须了解东道国的社会文化背景，了解东道国与母国的文化差异，只有对文化差异具有高度敏感性，才能在异文化环境中适应当地文化，更好地开展工作，保障项目的成功与效率。

（4）团队建设至关重要

海外工程项目的顺利实施在很大程度取决于项目团队的建设和有效性。因为，在项目的实施过程中，除非重大的项目决策，要征得总公司高层意见，一般问题都是由项目中的管理层来制定对策和付诸实施的。这就要求组建一个高效率、高水平的自组织项目团队。

项目团队的建设主要是由项目经理来完成的，项目经理是团队的核心。项目团队工作是否有成效会直接影响项目的成败，尽管需要计划以及项目经理的工作技能，但人员——项目经理和项目团队——才是项目成功的关键。同时，项目管理也不是由一个人所能够完成的，需要大家的共同努力。项目管理就是组织人力资源和非人力资源在一起，并且进行组合、加强以及承担风险的管理活动。所以，项目团队的关键因素在于项目经理和团队成员，确定项目的目标和每位成员角色和职责，实现成员之间高度的合作互助和高度的信任。项目经理可能通过各种活动领导整个团队为了高效、顺利地实施项目而进行一系列的工作。

所以，在远离母国的海外工程项目中，团队建设是一个重要的因素。海外工程项目应根据项目的特点和所在国的情况选择相应的项目组织形式及拟定合理的项目管理班子。在委派项目经理时，要结合项目所在国的情况、所需项目经理的特点，挑选相应的人选，然后根据实际情况派遣人员或协助项目经理挑选其他的外派人员，同时也要注意项目经理后备人才的选拔和培养。

（5）项目经理非常关键

海外工程项目的顺利实施在很大程度上取决于项目经理的能力和素质。毫无疑问，项目经理应对整个项目负责，项目经理除了对项目中的物质资源进行整体调配之外，还要开展配备人员、编制预算、计划、协调和控制等工作。一个项目经理通常是一个有广泛的经验和知识背景的杂家。尤其是在跨文化经营条件下，项目员工来自不同部门、不同企业甚至不同国家，项目经理更起着纽带和核心的作用。如果项目经理的调配不合理，即使每个员工的素质和技能完全能够胜任他的工作，也可能使组织工作不协调，从而导致项目失败。所以，高素质的项目经理是海外工程项目中极为重要的人力资源。

项目经理所承担的责任和义务决定了他应成为项目团队中的核心。挑选项目经理时，除考虑项目经理本人的素质特征之外，还要受项目特点、性质、技术复杂程度等，以及项目在企业战略规划中所占的地位的影响。

总之，海外工程项目中的人力资源管理和传统的制造业及服务业有着很大的区别，企业在制定长远的发展战略规划时，要将企业的长远规划和实施项目的实际结合起来，开发以跨文化管理为导向的人力资源管理系统。

5.2.2 海外工程项目人力资源管理的改善

在跨文化经营的复杂环境中，人力资源的水平决定着海外工程项目跨文化适应能力的强弱。而正是在这种新的形势下，中国的海外工程项目人才总储备不足、低效率流动和生成环境不够优化的问题开始凸现出来。在一定的意义上，中国海外工程项目所面临的最大的挑战是人才的挑战，是人才资源的开发、利用以及人才的培养和储备的挑战。未来的人力资源管理是一种战略型人力资源管理，即围绕工程企业战略目标而进行的人力资源管理。国际上一些大型、先进、有竞争力的工程企业，长期处于市场竞争的环境中，已形成了有活力的管理制度结构优势，积淀了坚实的物质基础，掌握了管理与吸引人才的丰富经验，因而在人才的储备方面，具有明显的优势。我国的海外工程项目应认识到竞争者的优势和自己的不足，取长补短，以缩小差距。

（1）重视对海外工程人员的招聘和选拔

由于海外工程项目工作的特殊性，在选拔员工时，应以能否适应国外的工作为主要标准，站在客观的立场对员工作出一个正确的评价。人力资源管理部门要严格把关，以确保海外工程项目整体队伍人员素质的质量和专业的协调。

①项目经理的招聘和选拔。由于环境中的不确定因素太多，海外工程项目经理要面对危机和风险的预测，至少应具有以下六项技能：沟通、组织、团队建设、领导能力、协调和技术能力。

在招聘和选拔项目经理时，除了通常意义上的工程项目管理经验外，他们还必须具备以下的素质和能力：对海外工程有正确的认知，正确处理项目中各利益相关者的关系；项目团队的组织和沟通能力；要有一定的国外工作经验，良好的英语基础、涉外礼仪等；熟悉海外工程项目通常采纳的合同标准，如国际咨询工程师联合会（FIDIC）制订的土木工程施工合同条件、英国土木工程师学会（IEC）制订的 NEC 合同条件、世行和美洲开发银行发布的工程采购招标文件样本、亚行发布的土木工程采购招标文件样本等。

②高层次人员的加盟。对于海外工程项目来说，一些重要岗位和特殊专业技术人才，尤其是项目急需的人才，要敢于突破传统观念，重金聘用，有效吸引优秀人才为项目经营管理服务。

外派人员必须能不完全依靠公司总部的指导，有时必须根据当地的具体情况独立迅速地分析和决策，还必须应付社会文化的不同而导致的一系列问题。同时，派往海外的人员应具备以下素质：强健的身体，较强的毅力、耐力、外语会话能力，家人的协助与合作，丰富的专业知识和经验，与当地人关系融洽等。

③引进一般人员的招聘。招聘普通员工时，总体上要安排合理的人力资源结构。既要考虑到其人格特质和业务素质适合

本企业的需要，同时也要针对国外工作的要求，着重考虑其人品、性格、沟通能力、协调能力等。[①]

（2）跨文化培训与员工能力开发

海外工程项目跨出国界经营，要实现商业目标，必须融合三种文化，即母国的文化、东道国的文化和企业文化，因此对跨文化管理人员进行教育与培训是企业内部跨文化管理的重要内容。海外工程项目跨文化教育与培训应包括三方面：首先，针对本国人员外派任职的培训；其次，针对东道国人员的培训；再次，针对多元化文化团队的组织与训练。跨文化培训的主要内容包括对文化的认识、对文化敏感性的训练、语言学习、地方环境模拟等。文化敏感性训练是为了加强员工对不同文化环境的反应和适应能力，通过简短演讲、角色扮演、情景对话和实例分析等形式，以便有效地打破每位员工心中的文化障碍和角色束缚，更好地找出不同文化间的相同之处，加强每位员工对不同文化环境的适应性，加强不同文化间的协调与融合。

首先应诊断工程项目内部文化差异的类型是属于正式规范，还是非正式规范以及技术规范。正式规范是人的基本价值观、判断是非的标准，它能抵制来自外部改变它的强制力量，同时引起的摩擦不易改变。非正式规范是人们的生活习惯和风俗等，因此引起的文化摩擦可以通过较长时间的文化交流克服。技术规范则可通过人们对技术知识的学习而获得，很容易改变。不同规范的文化所造成的文化差异和文化摩擦的程度和类型是不同的，其被改变的可能性与程度也不一样。通过诊断文化差异，有的放矢，采取针对性的措施，并尊重对方文化，发展文化认同。

通过对文化差异的诊断、文化敏感性的训练及其他方面的

---

① 王广山.国际工程项目中的人力资源管理研究［D］.天津：天津大学，2004：33－46.

培训，通过良好、有效的沟通，企业员工提高了对文化的鉴别与适应能力。这时，海外工程项目应在文化共性认识的基础上，根据环境的要求和企业战略的需求建立起企业共同的经营观，建立起以企业价值观为核心的强有力的合金企业文化。这种企业文化既要有足够的包容性，又要有创新性，在充分了解文化差异基础上，克服和抛弃"民族文化优越感"，克服自己的偏见，使自身的文化特征具有足够的包容性和可塑性，从而减少文化摩擦，使得每个员工能够主动地把自己的思想与行为同项目的经营业务与经营宗旨结合起来，在企业形成一种和谐的氛围，实现文化的融合。

海外工程项目业务的特殊性和专业性，要求工程项目对员工的培训和开发有别于一般制造企业和服务企业。

①员工培训

海外工程项目需要的雇员队伍不仅仅是接受过技术培训的，而且能够面对复杂善变的环境，分析和解决与工作有关的新问题，能卓有成效地在项目团队中工作，灵活善变，迅速适应国外工作环境的多变性。

针对海外工程项目的流动性和跨国性，对员工的培训可以采用外派前培训、项目岗前培训和工作中培训等灵活的方式进行。员工培训中最为重要的是做到培训的实效性。

同时，对员工培训还要注意业务技术培训和当地的外经知识和风俗习惯、社交礼仪的培训。应结合项目的特点，挑选经验丰富的项目经理或是技术管理人员作为培训师。因为派外人员的一举一动都代表着一个企业和一个国家的形象，良好的企业形象对于企业开展国外市场有着无形的影响。

②员工能力开发

当今社会，人力资源是企业获得竞争优势的终极因素。人力资源管理在企业管理中具有核心作用，人力资源的开发增值可以使企业和员工取得"双赢"。员工能力开发是针对管理人员的，通过传授知识、转变观念或提高技能来改善当前或未来管理工作绩效的活动。它包括：企业内教学计划，如授课、辅导和轮流作业；专业教学计划，如外委培训研修班、经营管理人员的 MBA 教学计划等。

海外工程项目中的管理人员是国际工程承包企业最为珍贵的人力资源，因为这些管理人员都是项目团队中的核心力量，影响着项目实施的进度和质量。企业应对这些管理人员建立特殊的人事档案，根据他们所参与过的工程项目、国别、工作业绩、综合能力等制订全公司的或个人化的开发计划。

对于这些管理人员开发的手段和方法有：a. 工作轮换。让管理人员到各国别的项目去丰富工作经验，确定其长处和弱点。让接受管理培训的人去各个项目管理领导团队以扩大他们对整个企业各类项目工作的了解。这样也可以避免因为管理人员长期待在一个项目所造成的管理和财务方面的问题。b. 领导者匹配培训。这主要是开发领导能力，增强管理人员对他人的敏感性，减少部门之间的冲突，为企业的发展提供人才储备。c. 培训的后期评价。对培训效果的后期评价同时也是对管理人员的一种考核和发展潜力的评估。

（3）正确使用外籍管理人员和劳务

在一个海外工程项目中，正确使用外籍雇员与当地雇员是绝对不容忽视的环节。外籍雇员和当地雇员都是公司的雇员，理应一视同仁、平等对待，这是任何一个海外工程项目的生存发展之道。

首先，雇用国外的劳务人员，要避免法律上的纠纷。使用中方雇员、外籍雇员还是当地雇员，主要应根据项目所在国家的法律、劳务成本及项目的特点来确定。毕竟国内外对劳务方面的法律法规存在着一定的差异。当地的劳工尽可能通过项目所在国的劳务机构或中介机构提供。项目部必须与劳务机构或中介机构签订劳务合同，以明确双方的权利与义务，并对这类人员制订相应的管理办法。只有这样，才能对当地劳工进行有效的管理。在某些国别的项目部可以考虑当地丰富的华人资源，他们既熟悉当地市场又承袭了中国文化，是将企业与市场结合在一起的最为便利的桥梁。

其次，要明智选择和正确使用"佣金代理人"。佣金代理人实际上是一种特殊的外籍雇员，对其管理要给予特别关注。在项目的跟踪过程中和项目的执行过程中，佣金代理人的作用都是非常巨大的。除了设法通过佣金代理人保证让业主及时付款外，还可以借助他们的名望和地位，处理好与业主和监理方的关系以及各种公共关系。

（4）实施人力资源跨文化激励

"激励"从字面上看是"激发"和"鼓励"的意思。在管理工作中，可把激励定义为调动人们积极性的过程。具体来说，激励是为了特定的目的而去影响人们内在的需要或动机，从而强化、引导或改变人们行为的反复过程。激励不是简单的因果关系，尤其是在跨文化人力资源管理中，要使激励产生预期效果，就必须考虑到奖励内容、奖励制度、组织分工、目标设置、公平考核等一系列的综合因素，还要注意个人的满意度在激励中的反馈。跨文化激励可以考虑以下原则：

①跨文化激励的基本原则

奖励激励和惩罚激励相结合，以奖励激励为主。在跨文化管理的过程中，可以运用奖励激励和惩罚激励来激发企业员工对不同国家意识形态以及跨文化企业中的共同企业文化的学习、认同和接受。

个人激励与集体激励相结合。在跨文化管理的过程中，为了更有效地激发企业成员学习、接受并认同不同国家的文化差异，必须采取集体激励和个人激励相结合的方法，取长补短，提高激励效果。

内向激励和外向激励相结合。内向激励是工作本身直接含有能激发个人行为动机的激励因素。内向激励是一种主导性的、稳定的、更持久的、强有力的激励因素。这种激励一方面有赖于员工自身的特点，如责任心、需要状况和水平、兴趣爱好、个性特征等；另一方面也依赖于管理方式，如给予员工挑战性的工作、提供个人成长和发展的条件等都是较好的激励方式。外向激励是来自企业员工生活和工作的外部环境而不是工作本身的激励，这种激励主要能满足企业员工的安全和社交需要，它主要涉及企业内部的氛围、员工的工作环境条件、各种形式的精神和物质激励等。内向激励和外向激励结合起来，就能满足人们不同层次的需要，能更有效地调动员工的积极性。

物质激励和精神激励相结合。物质激励是工资、奖金或实物等形式的激励，主要可以满足组织员工的最基本的生活需要。精神奖励是表扬、表彰、奖状、各种荣誉称号等形式的激励，主要可以满足企业员工的尊重、成就、自我实现等高级需要。这是一种主导的、持久的内激励形式，它对企业成员的个人行为有激励、调节作用。但是，如果没有物质激励的支持和充实，精神激励的力量就会大大减弱。当然，物质激励如果没有精神激励的主导和调节作用，其激励力量也会大大减弱。物质奖励和精神奖励应紧密结合起来，才能产生实际的、持久的、强有力的激励作用。①

②按照项目发展的不同阶段实施激励

海外工程项目的临时性、任务型特点，决定了其发展一般要经历四个阶段：组织初创期、工作磨合期、正常运营期、组

---

① 汤堃．企业跨文化管理及其运作策略［D］．武汉：武汉理工大学，2006：33－34.

织解体期。在不同的阶段，对于人力资源也应该采取不同的激励措施（如图5-4所示）：

在组织初创期，项目人员对异国环境都有一种好奇心与创新精神，与异文化团队成员的交往也处在初期的探索阶段，应该更多地注重从团队文化的角度，引导员工确立共同的价值观，形成凝聚力和战斗力。

在工作磨合期，项目内部诸多矛盾开始暴露出来，同时也面临外部环境的种种不适，工作压力加大。这一时期应该更多地采取目标激励的措施，把员工的工作绩效与项目进展结合起来，激发员工的积极性与创造性，攻克难关。

在正常运营期，项目的经营管理和生产施工都进入平稳运行阶段，压力相对减少，员工对工作的熟练度提高，相互配合默契，但继续开拓创新的激情淡化。这一时期应该采取情感激励的办法，给员工创造良好的条件，激发其归属感和主动性，更好地为项目发挥能动性。

在组织解体期，因为项目即将结束，团队将解体，部分员工不同程度地存在着懈怠心理，应该采用荣誉激励的办法，激发员工的成就感与责任感，使他们与项目成败荣辱与共，善始善终地完成本项目，同时为将来的工作打下基础。

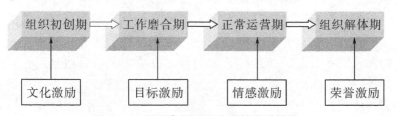

图5-4 项目发展不同阶段的激励措施

5.3 跨文化适应的途径：灵活的组织与沟通管理

5.3.1 海外工程项目的组织特点与沟通障碍

项目本身的一次性和项目组织的临时性，以及海外工程项目建设环境的特殊性，决定了海外工程项目组内部在组织结构与沟通渠道上存在诸多矛盾和冲突。长期以来，如何有效防范和消除项目组内部的矛盾和冲突，一直是困扰我国海外工程项目的一个难题。海外工程项目的组织特点及其所带来的沟通障碍主要体现在以下几个方面：

①项目组织的短期性。海外工程项目的一次性特点决定了海外工程项目组是一种以项目为中心、以承包任务为目标的短期性组织。项目组的组织寿命大多数为 1~5 年，项目竣工，项目组的使命也宣告结束。通常情况下，项目组通过内部承包合同或聘任合同来明确每个成员在项目组中的权利、责任和义务。由于项目的紧迫性，每个人的职责范围和权力边界很难像长期组织那样，做到岗位明确、职责分明、权力界定清楚。即使同一个项目组的原班人马，因为不同的海外工程承包项目，其成员的责任、权利和义务都会发生很大的变化。因此，海外工程的项目特点决定了项目组的短期性，也决定了项目组是一个相对松散的组织，这是造成项目组内部的权力重叠、职责不清的客观原因，也是项目组未来内部发生沟通障碍的潜在因素。

②组织授权的临时性。公司中管理人员的权力是一种职权，按照岗位职责和职务高低来进行权利和义务的分配。海外工程项目项目组管理人员的权力是一种授权，是按照承包任务和专业分工，以内部责任承包合同或聘任合同的形式所授予的权力。

公司内部的职权具有长期性和稳定性，而项目组内部管理人员的授权包括项目经理的权力都是临时性的。项目组成员来自总承包商企业内部的不同部门，甚至企业以外的其他组织，成员之间的相互了解和信任程度低，人际关系松散。授权的短期性和临时性使得项目经理的权威要远远低于公司组织中的副总经理甚至部门经理。项目经理的权威性对项目组成员的约束力度比公司内部副总经理或部门经理弱。在矛盾激化的情况下，往往会有内部成员挑战项目经理权威的冲突发生。

③本部约束的缺乏性。在公司组织中，成员置身于一个组织结构严密、权力等级分明的长期性组织中，组织成员无形中会受到来自组织的强大约束。每个成员都会不自觉地遵守公司文化所形成的一些潜在的行为规范，在一定程度上约束自我、保持克制，即使有矛盾，也很少发生正面冲突。海外工程项目远离公司总部，项目组成员与公司的心理距离比较遥远。在长期远离总部权威和公司直接约束缺位的情况下，项目组成员往往放松自我约束，容易导致自我膨胀，表现为漠视项目组内部的规章制度，出现不计后果的过激行为，造成项目组内部冲突。①

④员工成分的复杂性。在海外工程项目中，包括中方和外方员工。由于员工的文化背景不同，包括宗教信仰、风俗习惯、教育背景、思维定势等的差异，给员工之间的组织沟通带来不便。

⑤外部沟通的陌生感。项目组成员对异域文化的陌生感，放大了成员在缺乏家庭和亲情关怀时的心理恐慌和焦虑程度。这种环境对项目组成员造成强大的心理和生理压力，形成组织内巨大的沟通障碍。

① 刘玉峰. 国际工程项目组内部矛盾和冲突的成因与对策 [J]. 国际经济合作，2006 (7)：49-50.

⑥内部沟通的疏远感。在海外工程中，项目组成员长期远离祖国、亲人，缺乏家庭的抚慰，造成心理上的恐慌和不安，情感长期得不到宣泄，容易造成个体情绪失控和反应过激。在国内看来正常情况下一点小小的摩擦，却容易造成项目组成员之间激烈的矛盾和冲突。

对于有着不同文化背景的海外项目团队成员来说，沟通就是一个至关重要的联系桥梁，是团队成员由"不同"走向"同"的重要方式，它是维系成员协调行动的纽带。与一般团队沟通不同的是，文化作为一个贯穿其中的制约因素时时刻刻影响着海外项目团队成员之间有效的沟通（如图5-5所示）。

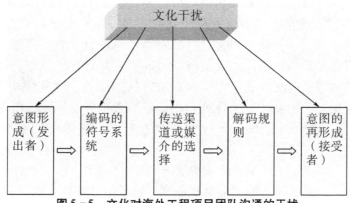

图5-5 文化对海外工程项目团队沟通的干扰

资料来源：胡军．跨文化管理［M］．广州：暨南大学出版社，1995：75.

在跨文化条件下，文化因素时刻影响着信息发出者的思维方式、表达习惯等，影响着发出信息的编码符号系统、信息的传递渠道，并影响着信息的解码规则，也影响着信息接受者的思维方式、表达习惯等，从而导致信息发出者和信息接受者信息不对称。这种信息传达的不对称通过文化衍生出来的一系列行为对沟通双方造成很大的障碍。从心理学的角度出发，有学者认为影响跨文化沟通的主要因素是沟通者的偏见、刻板印象等知觉因素和价值观，沟通者不同的文化背景、经验、动机，空间距离、组织结构距离等。另有学者认为影响因素在于：a. 感知。信仰、价值观、心态系统、世界观和社会组织这五种主要的社会文化因素对感知起着直接而重大的影响。b. 成见。先入之见和成见是减少文化冲击的常见的防卫技术。c. 种族中心主义。它是人们作为某一特定文化成员所表现出来的优越感。d. 缺乏共感。所谓缺乏共感就是缺乏设身处地地体会别人的苦乐和遭遇，从而产生情感上的共鸣的能力。①

综上所述，由于海外工程项目的组织特点，其组织内沟通过程就变得非常复杂。良好的跨文化沟通有助于企业更好地理解文化差异，化解文化冲突。相反，如果组织沟通问题处理不好，有可能在多元文化的组织成员之间出现沟通中断、过度保守、员工之间的非理性反应和怀恨心理等诸多不良后果，并导致恶性循环、矛盾加深、对立与冲突加剧，最后因为一系列的误解而导致项目经营的失败。所以沟通中必须了解不同国家言语与非言语沟通的差异，并建立起各种正式或非正式的、有形或无形的跨文化沟通渠道；针对既存的文化差异和文化障碍，建立起良好的相互理解与信任的协调机制和沟通机制，以便及时有效地化解文化障碍。如图 5-6 所示：

① 杨钦. 跨国项目团队的跨文化管理研究 [D]. 武汉：武汉大学，2005：32.

图 5-6　海外工程项目跨文化沟通障碍

5.3.2　跨文化组织沟通策略

组织行为学认为：人与人之间的矛盾是一种认识上的分歧或观念上的不统一状态，是客观存在的，是不可以完全消除的；冲突是可以被第三方觉察的矛盾状态，伴有明显的行为上的对立和情绪上的敌意。这一理论表明，对于海外工程项目组内部沟通上的矛盾和冲突，首先应当承认矛盾存在的客观性，将避免矛盾公开化、防范和抑制矛盾激化成冲突作为主要任务。为此，母国本部和项目组应当通过合理的组织设计和人员搭配，建立防范机制，防止项目组内部冲突升级，以降低冲突所造成的影响。同时，文化差异是影响沟通效果的一个不能忽略的重要因素。随着经济全球化，跨文化的沟通显得越来越重要。因此在制定具体的组织沟通策略时，都必须充分考虑国家、地区、行业、组织、性别、民族、团队之间的不同文化背景的影响。

（1）建设自适应型项目团队

海外工程项目是一个复杂自适应系统，系统中主体之间、主体与外部环境之间存在着相互作用，并通过这种作用积极主动地适应外部环境条件的变化。复杂自适应系统理论为海外工程项目的组织管理模式提供了一种新的管理思路和方法，即建设自适应型的项目团队。自适应型项目团队是指能够自发地产生新的演化模式的一种复杂适应组织，其特点是持续不断地与外部环境发生交互作用，根据外界的变化调整自身的结构和运行方式；同时，系统内的个体之间也存在不断的交互作用，从而学习和适应环境的变化，具有较强适应性。

自适应型项目团队组织结构的特征是：a. 扁平化。自适应型项目团队是一种以目标和任务为核心的扁平化网络组织，团队的领导者和团队成员甚至团队服务的对象，可以通过各种方式实现双向式的交互沟通，信息的交流更畅通。b. 弹性化。自适应型项目团队能够灵活地根据环境的变化，适时地对组织结构、人员配置作出调整。c. 开放化。自适应型项目团队以目标和任务为导向，注重建立与团队内部和团队外部的关系，充分调动团队成员的能动性和多方面的才能。通过开放，团队与外部环境进行物质、信息和能量的交流，使团队适应环境，走向跨文化融合。

自适应型项目团队的建设包括以下方面：

①自适应型项目团队的学习。人类具有学习行为。人类学习的最大特点是在适应环境过程中能保存过去的经验，并灵活运用这种经验来改变当前的行为。自适应型项目团队作为一个以人为主体的复杂自适应系统，同样存在着学习行为。海外工程项目团队的学习过程可以看做一个带有控制反馈机制的不断试错与改进的系统自组织过程。团队学习的目的就是建立一种可以从自己和别人的经验中学习的机制，并能产生、储存和搜寻知识，以达到交互作用的理想效果。团队学习机制是使组织不断努力改变或重新设计自身以适应不断变化的环境的过程，是组织演化的动力。

②自适应型项目团队的协同与竞争。海外项目组织诸成员之间既存在整体同一性，又存在个体差异性。在组织管理中，整体同一性表现为协同，个体差异性表现为竞争。海外项目团队应充分利用协同和竞争使团队管理成为自组织过程，并在各要素之间建立"竞争—合作—协调"的协同运行机制，使项目组织内部各要素之间相互制约、相互配合，产生协同效应，将系统内原来有序度低的各要素变成有序度高的"自组织"动态组织。涉外项目组织一旦形成协同机制，组织就会减少摩擦、降低损失，使组织具有较强的适应性、较大的内聚力、吸引力和灵活应变力。

③自适应型项目团队的沟通。自适应型项目团队的互动沟通具有加强团队某种行为模式的正反馈作用。在海外工程项目中，员工通过互动沟通，将经验与想法表现出来，这时团队内就会产生有意义的差异性。团队中存在的有意义差异决定了团队自组织进程中涌现的基本形态。当团队的作用者之间存在差异时，通过他们之间的相互作用，这种差异会被反映到其他作用者身上，从而建立起一种整体模式，使得团队自组织模式发生变革，从而提高团队对环境的适应能力。因此，在团队行为模式演变的过程中，要加强成员之间的沟通与联系，深入了解团队内部的沟通机制，检查信息反馈渠道是否畅通；如果状况堪忧，就应该改造现有的沟通模式或是设计新的沟通模式。①

综上所述，自适应型项目团队属于复合文化类型组织（Multicultural Organization），其特征是无论是多数还是少数成员都要接受相互的文化，不同的人们都有担任组织中任何职务的机会，他们都参加非正式的活动，这里不存在歧视或偏见。这种组织形式使工作变得更加灵活，能对环境变化作出更加快捷

---

① 曲红．基于 CAS 理论的研发项目组织管理模式研究［J］．学术界，2007（1）：217．

的反映，使项目具有潜在的高效率。

（2）克服沟通障碍的策略

尊重差别，求同存异。文化差异给沟通者带来的各种障碍可归结为客观上和主观上的两方面。要克服这些障碍，在客观上我们要做到的是认识这些文化差异，进行必要的跨文化培训。与此同时，我们在主观上应该抱着尊重的态度，正视文化冲突的客观存在，以"求同存异"的理念去解决冲突问题。随着项目经营环境的变化以及劳动力多样化的发展，要做到求同存异，首先要能准确地判断文化冲突产生的原因；其次，要洞悉文化的差异及文化多样性所带来的冲突的表现形态；最后，在明确冲突源、个人偏好和环境的前提下，管理必须能够选择合适的跨文化沟通的方法和途径。

取长补短，兼收并蓄。根据不同文化相容的程度，该策略又可以细分为以下两个不同层次：a. 文化的平行相容策略。这是文化相容的最高形式，习惯上称之为"文化互补"，就是在海外工程项目中并不以母国文化或东道国文化作为项目的主体文化。母国文化和东道国文化之间虽然存在着巨大的文化差异，但却并不互相排斥，反而互为补充，同时运行于项目的操作中，充分发挥跨文化的优势。一种文化的存在可以充分地弥补另外一种文化的不足及单一性。b. 隐去两者的主体文化，和平相容策略。虽然跨国公司中的母国文化和东道国文化之间存在着巨大的差异，而两者的巨大不同也很容易在项目的日常运作中产生"文化摩擦"，但是管理者在经营活动中却刻意模糊这种文化差异，隐去两者中最容易导致冲突的主体文化，保存两者中比较平淡和微不足道的部分。由于失去了主体文化那种对不同文化背景的人所具有的强烈影响力，不同文化背景的人可以在同一项目中和睦共处，即使发生意见分歧，也很容易通过双方的努力得到妥协和协调。

兼顾多元，差别管理。在进行跨文化沟通的活动中，文化的多元化会导致方法和途径的多样化。在同一项目内部，可能有来自世界各地的员工，一个项目可能会同时与不同国家的客户打交道。在这样的背景下，差别化管理将是跨文化沟通中一个有效的途径。首先，差别化管理要求管理者为所有不同文化背景的雇员、客户、合作者提供平等的机会和公平的意愿，而不考虑他们在性别、种族、年龄和其他特征方面的差异；其次，要注意遵守法律和制度，按照既定的、为大家所公认的规则行事，避免因疏忽法律规定而出现投诉行为和相关损失；再次，要根据工作地所处的社会主流和非主流文化的特点，考虑双方的文化偏好，选择相应的沟通方式和方法。[①]

5.4 跨文化适应的关键：新型领导决策机制

5.4.1 海外工程项目对领导人的要求

海外工程项目的管理组织模式在建设工程中起着决定性的作用。按照传统的工程建设的管理组织方式，项目业主往往以市场经济的思维方式构思项目管理组织的模式，形成按投资多元化、管理社会化和经营市场化建立工程项目管理组织的总体构想。对于工程的实施，则在制订统一的规则和要求后，由承包商组建相应的工程项目组，与其签订委托合同，由其进行工程施工，业主委托专业公司进行监理。项目组设立职能部门和生产单位进行施工生产。除此之外，充分借用和发挥社会专业力量，将部分专业工程分包给社会化的专业部门或机构。这样

---

① 侯艳虹. 外资企业跨文化管理沟通研究 [D]. 西安：西安电子科技大学，2005：23-24.

就形成了项目业主与海外项目组、监理公司、分包商等以经济关系建立起来的具有特色的大型项目的工程管理组织结构模式，实现了工程项目的社会化管理（图5-7）。

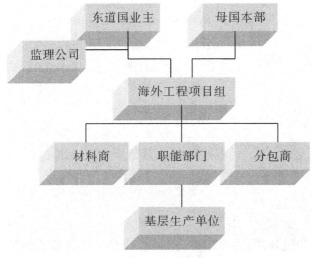

图5-7　海外工程项目管理的组织结构

可以看出，在跨文化经营条件下，海外工程项目组要面对复杂的环境，要协调众多的外部关系，同时还要进行经营管理和施工组织，确保项目的进度、质量和效益，这一切都对项目经理提出了很高的要求。在海外工程项目进展的不同阶段，项目经理的主要职责如图5-8所示：

从图5-8中可以看出，项目经理的工作错综复杂，只有把这些内容的要素合理地进行组织和管理，才能有效地达到工程项目管理和控制的整体目的。

综上所述，鉴于异国跨文化经营的复杂性，海外工程项目对团队领导人的要求比较高，表现在：

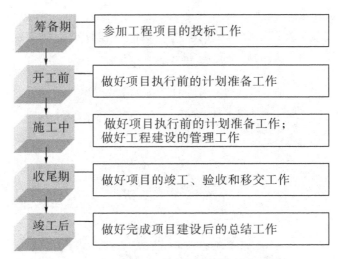

图5-8 海外工程项目经理的主要职责

（1）较高的整体素质

作为海外工程的项目经理，必须具有较高的政治觉悟、职业道德和高尚的个人品德，具有较高的文化理论水平、较广阔的知识面及合理的知识结构，具有参加过国内大型工程或海外工程项目建设的实践经验，具有良好的身体条件。

（2）高度的责任感

项目经理代表着企业在国外执行和管理工程项目，肩负着企业的使命和责任，既要对企业负责，维护企业的利益与企业的形象，为企业创造经济效益，又要对业主和工程负责，同时还要对项目组全体成员的生命财产和人身安全负责，必须具有高度的责任感。

（3）较强的组织协调能力

项目经理在项目实施的过程中，要善于协调承包商与业主之间、承包商与分包商之间、承包商与咨询工程师之间以及与项目有关的各种利益人之间出现的问题和矛盾，善于运用组织协调原理，充分调动项目组织中全体工作人员的积极性，最大限度地挖掘每个人的专业特长，来实现项目的总目标。

（4）较强的判断力与决策力

项目经理必须具有全面宏观调控和组织项目开展的工作能力，同时还要具有较强的判断力与决策力，具备一定的领导艺术，具有严谨的工作作风，注重建立自己的领导形象；要在工作中以身作则，团结员工，尊重对方，发扬民主，讲究用人艺术，善于运用集体的智慧；要能正确行使自己的权力，秉公办事，赏罚分明，以理服人，勇于承担责任；在处理重大问题时，能头脑冷静、反应敏捷。

（5）抗风险的防范意识

项目经理在项目管理中必须牢固树立抗风险的防范意识，对项目能建立风险的识别、量化和应对机制，具有一定的风险识别能力、分析能力和防范能力。项目经理不但要尽量防范风险的发生，最大限度地减少因风险事件造成的经济损失，而且要善于利用风险事件来创造额外的经济效益。[①]

5.4.2 建立科学的领导模式

通过上面的分析，我们知道，在海外工程项目这一个特殊的团队中，领导者的作用是至关重要的。选择一个合格的领导人，建立一套科学的领导决策机制，对于激发项目员工的积极性、创造性，对于海外工程项目的团队文化建设、组织沟通、经营成败起着关键的作用，是项目实现跨文化适应的重要因素。

（1）团队领导人的正确选择

对于"领导"的概念，《兰登书屋词典》给出的界定是这样的：领导是一种影响或引导他人的地位、功能或能力，而领

---

① 陈思维，姚天海. 国际工程对项目经理的素质要求 [J]. 交通企业管理，2005（1）：16 - 17.

导者是领导、指挥和管理的人。从团队建设的角度来看，高绩效的团队的特征之一就是高效的领导，对于一个团队的经营成败来说，领导者至关重要，尤其是跨文化经营的海外工程项目团队面临种种不确定性和风险性，团队领导人的选择更是重中之重。

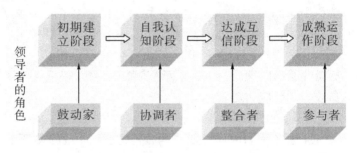

图 5-9　海外团队的发展过程与领导者的角色

资料来源：杰夫·拉索尔，迈克尔·M. 伯瑞尔. 国际管理学——全球化时代的管理 ［M］. 北京：中国人民大学出版社，2002：424.

从海外工程项目的发展历程来看（图 5-9），领导者要担任鼓动家、协调者、整合者、参与者的角色，因而领导者决定了一个海外项目团队是否成功。项目团队领导人的任用必须要以明确目标和对项目所处的环境的评估为前提。在项目的不同发展阶段上，对领导者的素质要求是不一样的。团队领导人需要在不同的阶段扮演不同的角色，如在早期是团队的倡导者、资源调配者，到后期则可能是整合的推动者。没有任何一个单独的个体能完全适合所有的阶段性工作。所以对海外项目团队领导人需要选择、再选择、持续不断的培训。

此外，在跨文化的背景下，民族文化、政治文化、组织文化因国而异，在一定程度上影响着领导者的风格。加拿大多伦多大学教授罗伯特·豪斯（Robert House）以激励理论和四分图理论为基础，提出了一种领导权变理论的内容。它试图解释在各个方面的环境因素作用下，领导的行为是如何影响下属的满意程度和绩效的。领导的任务是强化下属对努力、绩效和期望的彼此相联系的认知，不同国家和地区的文化对领导风格的要求是不一样的。

同时，在项目团队的发展阶段上，这几种指导方式所要求的团队领导人所具备的素质是不一样的，但是又是互相渗透的；不可能说，一种阶段上的领导素质在另一阶段就完全不适用，各个阶段上所需的素质是独立的。

而如前所述，海外项目团队的工作重点在于文化冲突的协调与整合，因而对于海外项目团队的领导者来说，除了具备必备的专业技能、丰富的项目领导经验和较强的管理能力之外，特别需要具备娴熟的处理冲突的技能和跨文化的沟通能力。处理冲突能力具体表现在：a. 需要具有辨别知觉冲突和情感冲突的能力。b. 应当鼓励每个成员尽量公开发表自己的看法，善于引导团队成员进行针对问题或事实的争论，创造允许不同看法和观点存在的团队气氛，以激发良性的冲突，发挥出每个人的创造性。c. 团队领导人要引导成员相互尊重，特别是尊重团队成员不同的文化和价值观，杜绝道德和种族优越感，做好沟通过程中的协调工作。而团队领导人的跨文化沟通能力也是进行跨文化管理的至关重要的因素。沟通是人际间的一切相互影响的行为。跨文化沟通能力不仅需要文化和语言知识，同样也要有情感和行为技能，包括移情、人文温暖、超凡魅力以及管理不确定性的能力（Gudykunst，1998；Spiess，1996、1998）。这就要求团队领导对团队成员的组成有相当的了解，并熟悉每一种文化的知识和背景，而且能够运用沟通的技巧将文化中的优势效应发挥出来。综上，海外工程项目团队领导人的选择模型如

图 5 - 10 所示。①

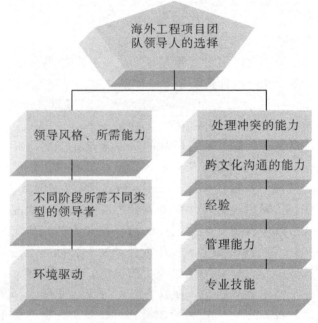

图 5 - 10　海外工程项目项目团队领导人的选择

（2）建立科学民主的领导决策机制

组织或群体领导力是个体与社会环境、作业环境之间复杂
交互作用的结果。领导活动并不局限于高层管理者，现实中各
级管理人员均扮演着管理者和领导者的双重角色，组织的各个
层次都有领导力的存在，组织领导力的形成需要各级管理人员
的集体智慧。中高层管理者之间以及同级管理者之间在战略目
标执行过程或变革进程中时，其领导行为往往形成交叉，或冲

---

① 杨钦. 跨国项目团队的跨文化管理研究［D］. 武汉：武汉大学，2005：
34 - 36.

突或融和，削弱或强化项目的领导力。除了管理者个体的能力、素质以外，中高层领导活动的行为方式和协同模式更与项目的组织沟通与团队文化等因素存在着某种联系，它们直接或间接地对项目领导力造成影响，又随着变革进程和组织成长而发生变化。

在海外工程项目跨文化管理中，领导行为及领导力的研究对项目显得愈来愈重要，需要在传统的注重领袖个人及其领导风格和领导能力的研究基础上不断拓展新的研究领域。建立科学民主的领导决策机制是海外工程项目跨文化管理的关键。

①正确进行领导活动与领导角色的识别。管理者具有双重角色是国内外学者普遍认同的观点。但具体到海外工程项目，管理者尤其是中层管理者领导活动的界定以及从其职务中剥离领导活动是一项有挑战性的工作。要建立中高层领导活动关联机制。中高层管理者的领导活动之间不是孤立的，而是相互联系和影响的。要通过大量深度访谈、结构性观察，结合项目发展历史和文化进行深入的案例分析和系统思考，从行为、事件中抽象和提炼概念模式。结合海外工程项目组织成长过程，分析组织内外因素如组织文化、非正规网络关系等对多重领导机制的影响。

②从团队文化入手研究项目协同领导力，以及领导力与团队文化之间存在的协同关系及影响因素。具体到一个项目中，要了解领导和团队文化的关系如何，也就要全面探究社会文化、个体文化、组织文化的冲突、融合在"领导行为"几个维度上的反映。领导协同离不开文化，领导过程和文化建设过程是同一个问题的两个方面。文化不是偶然产生的，企业创始人的信仰和基本假设是团队文化发展的主要动力。在创业过程中，创始人及其领导的团队将努力解决企业面临的外部适应和内部整合问题，把个人或者团队的价值观和基本假设传递给项目及其

成员。这些信仰会在实践中得到检验，最终上升为团队和项目的准则、形成共享的心智模式，文化作为项目创建的成果之一自然产生。"愿景"是领导力的核心要素，在构思、贯彻和实现愿景的过程中，团体或项目在经历了共同的情感体验后形成一致性认知，即形成了团体或项目的文化。文化变迁是特殊的组织变革，需要同启愿景、凝聚人心，创造短期成效并通过最终制度化来实现深层次文化的转变。卓越的领导者所具备的能力和远见卓识是文化变迁成功的关键。

③多采取"关系走向"的领导行为。海外工程项目的特殊性，决定了一个成功的项目领导者在领导方法上要多采取以人为本的"关系走向"的措施，加强与团队成员的沟通，建立良好的干群关系，切实解决员工的实际困难，激发员工的创造力与归属感，才能形成团队的凝聚力、战斗力。

④完善决策民主机制。海外工程项目在执行决策时，要充分听取企业中外员工的意见。决策的民主与否，对决策的正确与否关系极大。

建立员工意见反映制度。要从制度上保证各级干部经常深入基层，深入群众，进行广泛的调查研究，充分听取员工的意见，集思广益。要健全和完善信息收集分析和报告制度，要适当运用现代手段开展民意调查活动，探索和创造一些适应新情况的有效反映员工意见和建议的新的形式和制度，保证全体员工和基层组织的意见能及时反映到上级组织中来。

严格遵守"集体领导、民主集中、个别酝酿、会议决定"的议事和决策制度。通过民主程序决策重大事项，保证决策层的每一个成员享有同等的发言权和建议权或决定权。凡属重大决策、重要建设项目安排和大额度资金的使用等，都要经过领导集体内部充分讨论才能作出决策。在决策过程中要特别注意倾听各种不同意见和少数人的意见。

完善专家咨询制度。树立现代决策咨询意识，注意在决策过程中多听取专家的意见，充分发挥中外专家的作用。要切实发挥不受部门利益影响的综合研究部门的作用，逐步明确需要专家提出决策议案和建议的决策范围。

实行决策论证制度。现代决策事项往往超越了领导个人和集体的知识、经验和能力，为了最大限度地吸收众人的智慧，必须实行决策论证制度。凡经科学论证不可行的方案，领导班子不得再议。凡经论证可行的决策议案和建议，可酌情要求重新论证或加以充实、调整甚至推翻；但领导班子必须写出令人信服的理由并由班子成员分别签字，若有失误，必须承担责任。

健全决策公正透明机制。只有实现决策公开和透明，才能最大限度地压缩决策失误的空间。要建立决策项目的预告制度和重大事项公示制度。凡属项目工作中的重大问题，都应力求组织广大职工开展形式多样的讨论，充分听取各种意见，让职工直接参与项目管理事务。

海外工程项目跨文化
适应的外部协调机制

如前所述，海外工程项目与外界环境的交互作用是其实现跨文化适应的基础动因，这种交互作用体现在：项目与东道国、母国政府、母国本部之间存在着各种交换，从中摄取相应的物质、能量、信息和人才，以满足项目生存与发展的需要；同时，它也向上述外部环境输出它的产品和服务，来满足业主和顾客的需要，影响着外界环境的发展变化。本章我们就从东道国、母国政府、母国本部三方面论述海外工程项目跨文化适应的外部协调机制。

6.1　与东道国的交互作用与协调策略

海外工程项目在东道国进行经营管理和施工生产，与东道国的社会各界有着千丝万缕的联系，既受东道国文化的影响，从中得到相应的政策、服务、材料、劳动力等的支持，也为东道国提供产品和服务。在适应东道国文化的同时，传播企业的文化，这又反作用于东道国。海外工程项目与东道国的交互作用，主要包括与当地政府机关、经济社团、文化传媒等组织，以及与宗教信仰、风俗习惯与制度法律等社会文化的相互关系，如图 6-1 所示。

6.1.1　与东道国之间的交互作用

海外工程项目从东道国政府得到政策支持，接受其工商、税务、海关、审计等部门的管理与监督，要根据东道国的实际情况与要求调整自身的经营方式与管理模式。

海外工程项目为东道国政府提供产品和服务，同时以自身的经营方式与管理理念影响着东道国政府的办事方式。例如大

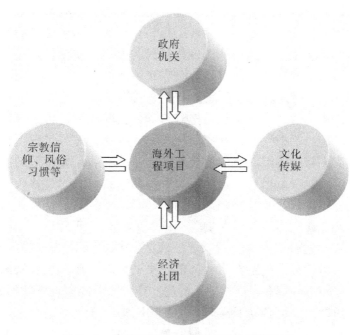

图 6 - 1　海外工程项目与东道国的交互作用

连国际在苏里南的道路修建项目，由于道路施工的特殊性，常常需要在夜间等交通量少的时段进行，这在一定程度上影响了当地建设部、监理与警察等的生活。另外，海外工程项目作为我国的外派团队，在一定程度上承担着我国政府与东道国政府联系纽带的作用，对于促进两国交流、增进友谊发挥着巨大作用。

在经济全球化的今天，海外工程项目的一切经营活动都离不开东道国经济社团的支持。海外工程项目需要得到水、电、能源、通信等基础设施部门的保障，同时还要从东道国企业得到原材料、劳动力、相关产品，有的还需要其他企业的合作，这些都影响着和制约着项目的进展。

同时，海外工程项目的发展、经营模式也影响着当地企业与社团的发展。一方面，海外工程项目作为当地的劳动力、材料使用者会拉动当地经济的发展；另一方面，在项目实施过程中，与当地发生的方方面面的交互作用也会影响当地社团的经营，为当地带来新的经营理念和管理方式。

东道国的文化传媒是一把双刃剑，它既能够宣传企业的正面形象，也能把企业的缺点公之于众。因此，海外工程项目要顺利实现与东道国文化的适应与融合，就必须采取有效的文化宣传策略，按照当地传媒的特点宣传项目，使之为当地人民所接受，拉近与异文化的距离。同时，海外项目的经营方式与文化理念也通过当地传媒影响着东道国的文化，两者在交互作用中适应和融合。海外工程项目不仅要按期高质量地完成任务，获得经营效益，而且作为我国走出去的企业，还承担着我国文化传播使者的任务，通过项目的高质量施工，建立良好的形象，让东道国人民更多地了解中国、熟悉中国。

东道国的宗教信仰、风俗习惯、法律制度等，乃是当地文化中最具刚性的部分，海外工程项目在东道国的工作与生活无时无刻不受它们的影响。涉外项目必须首先尊重、适应它们，然后才能结合项目自有文化寻求一种最佳方案达到两种文化之间的融合。另外，海外工程项目本身自有的传统、习惯等在一定程度上也影响着东道国的文化，通过项目中的外方人员，传播到当地文化中。

6.1.2 与东道国之间的协调策略

（1）协调好与东道国政府的关系

①要为东道国提供合格的产品和良好的服务保证。要强化企业品牌，注重质量保证，以质量求生存，以质量塑形象、立声誉；还要强化服务保障以维护和保持自己在东道国消费者心

目中的良好形象。加强服务保障的目的既在于为消费者提供方便，又在于保证客户的满意度。

②要加强社会关系协调。最好能成立专门的公共关系管理机构，广泛与东道国的政府及其职能部门沟通协调，积极开展公共事务活动，消除政治壁垒。通过公共事务活动，表达海外项目组的观点，让政府及其职能部门的官员了解、理解并支持自己，达到沟通协调的目的。

③要适当赞助东道国的公益事业。这会收到相当好的效果。企业在特定目标市场公众心目中的形象如果是"只知道赚钱"，那就可能会遭到公众的抱怨和斥责。为了消除这种不利的影响，海外工程项目不仅应提高知名度，让别人知道，还必须建立信誉。因此，把自己塑造成为东道国的一位合格社会成员，树立自己是当地社会公益事业的"热心人"形象，是一种很好的做法。

④要与我驻东道国的使馆、经商处等保持密切联系。要借助我政府驻外机构的力量加强与当地政府的沟通与交流。另外，要与东道国的其他中资企业建立良好的互助合作关系，互通有无，共同发展。

（2）协调好与东道国经济社团之间的关系

①要重视各种关系的建设与协调。海外工程项目面临的环境非常复杂。为了使自己有个宽松的发展环境，应非常注重对外关系的建设与协调。这些关系包括与当地业主的关系、监理关系、社团关系、供应商关系等。协调这些关系的举措主要有座谈会、恳谈会、娱乐活动、比赛活动等各种公共关系活动。

②要明确对合作伙伴的要求。现代社会的生产分工越来越细化，越来越专业化。海外工程项目为了实现特定的经营目标，必须加强协同和合作，于是，就形成了彼此的高度依赖。海外工程项目要保证施工质量，就必须明确要求各种材料与工序的

质量标准。所以，在海外生产施工的过程中，海外工程项目要明确对合作伙伴的要求，如对分包商、材料供应商的质量、进度提出明确要求。另外，海外项目对合作伙伴的要求不仅仅在质量上，还包括时间、人才、交通等与效率、形象有关的各个方面。

③建立长期的互利合作关系。对于一些重要的客户、供应商，要在互利合作的基础上建立长期关系，注重双方各层次的往来，签订长期供销合同，形成风险共担、利益均沾的局面。在一些材料市场不发达的国家，这一点对于保障项目的稳定运营，进而促进项目跨文化适应尤为重要。

（3）协调好与东道国文化传媒间的关系

①树立亲善友好的形象，塑造良好的企业整体形象和信誉。海外工程项目要采取感情投资、舆论引导，在东道国公众中树立亲善友好的形象。这是让东道国的公众感情接近的一种策略。海外项目最常用的公关语言就是"帮助"目标市场的人们实现现代化、"促进"经济发展、"改善"民众生活。在树立海外工程项目亲善友好形象的过程中，应该把海外项目母国的形象、感情与东道国的悠久历史交往联系起来，形成国家与国家、民众与民众世世代代友好交往的良好气氛。

整体形象和信誉的建立，需要具体、实在的事实作为基础。为此，海外工程项目通常从强大的经济实力、不断开发高新技术的实力、开拓创新的能力、高效率的管理能力、人力资源的拥有情况、先进的产品、国际化的管理体系等方面着手开展系列公共关系活动。另外，海外工程项目要采用本地化的文化宣传策略，借助特定的项目让当地媒介大肆宣传来提高自己的知名度。其所选择的特定项目包括项目开工、工厂奠基、分支机构挂牌等。通常的方式是庆典、仪式、新闻发布、播放专题片等。为了达到预期目标，根据项目对当地经济社会发展的影响程度，会邀请不同级别的政府及其职能部门的官员出席项目的各种开业仪式。建立与维护良好的项目形象和信誉是重要的无形资产投资。

②采用本地化的文化宣传策略，提高企业知名度。不同国家、不同民族的文化有较大差异，文化的冲突与调适便成为海外工程项目拓展海外市场面临的一大难题。解决这一问题需要跨文化沟通技巧。通过多年的实践，国际工程企业采用适合本地化的文化宣传策略，或引导目标市场的公众认同所要输入的文化。

为了让自己的产品和企业得到目标市场上更多公众的认同、接受，海外工程项目最好选择著名、权威、发行量大的媒介来宣传自己。

③实施舆论引导，注重危机防范。要与当地媒介广泛接触、交流和沟通，实施舆论监测、舆论分析以及舆论引导，及时纠正不利于项目发展的舆论，以维护项目声誉。在加强声誉管理的过程中，防范危机是工作的重点。海外工程项目遇到的危机多种多样，主要包括由人为原因引起的危机和由不可控因素引起的非人为危机。信任危机、声誉危机、销售危机等属于人为危机。天灾人祸引起的危机为非人为危机。防范危机的最好办法就是预防。为此，应制订应付危机的对策和方案，并制作危机管理手册，详细规定危机发生后的应对办法、组织运行等等。有条件的海外项目还应经常组织演习，以便危机发生时能应对自如，将危机造成的损失降低到最小。

④推广新文化。思想、观念、管理经验与技巧、生活方式、技术、发明等是文化的直接表征。海外工程项目应寻求并利用东道国的各种文化活动，尽力利用权威的学术研讨会、有高级领导参加的推广会议、有社区领袖参与的座谈会等，推广企业文化或母国文化。许多海外项目甚至还接受当地大学或科研机

构的邀请，传播自己的优秀管理经验、先进的观念、新的发明。通过这些文化活动，消除误解，赢得信任，使公众逐渐接受外来的新的文化。

这一点上应向国际商用机器公司、英特尔公司、微软公司、肯德基、可口可乐、百事可乐等国际知名跨国公司学习，它们每年都到世界各地推广自己的技术与企业文化。当公众接受了新的文化，或新的文化与目标市场的文化相融合，就标志着海外工程项目跨文化适应取得了巨大成效。①

（4）协调好与东道国宗教信仰、风俗习惯、法律制度的关系

①尊重东道国的宗教信仰、风俗习惯，加强学习，通过多途径的培训等手段，熟悉当地的法律制度，并严格遵守当地法律。

②注重内部公共关系活动的开展，加强项目员工的学习与交流。内部公共关系是外部公共关系的基础。海外工程项目在开展外部公共关系活动的同时，也应注意开展内部公共关系活动，尤其是注重内部信息的传播。通过内部刊物、电子邮件等，首先与内部职员沟通，传递母国本部的重要信息。要通过多种形式培训员工，加强不同宗教信仰、文化习俗间的交流与沟通，达到彼此理解与尊重。除此之外，开展各分支机构中外员工的联谊活动，增加彼此的了解和交流，增进友谊，促进合作。

③聘用熟悉当地法律制度的管理人员，让他们负责协调一些当地事务。同时，要与当地的律师事务所、会计师事务所、各种代理机构建立长期合作关系，多咨询这些机构的意见，委托其办理相关业务。

① 干勤. 跨国公司拓展海外市场的公共关系战略与策略［J］. 西南民族学院学报：哲学社会科学版，2001（8）：36－40.

6.2　与母国政府的交互作用与协调策略

　　我国海外工程项目是国内工程企业外派到海外的分支，母国的文化理念、政策制度等已渗透到项目的各个层面，影响着项目的经营模式、思维方式与工作习惯。归纳起来，我国海外工程项目主要与母国政府的文化、政策、服务、人才等方面产生相互作用关系，如图6-2所示：

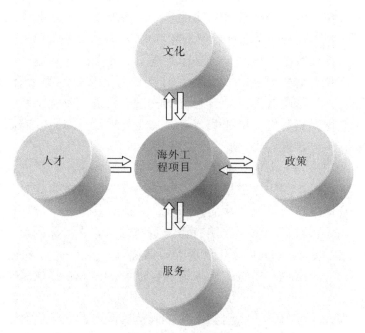

图6-2　海外工程项目与母国政府的交互作用

6.2.1 与母国政府之间的交互作用

作为一个中国公司的海外项目，中国的传统文化、经营理念，甚至思维方式、生活习惯，必然渗透于项目的方方面面。海外工程项目从母国文化中汲取营养成分，应用于项目的经营管理，同时，主动地调整母国文化中与东道国不适应甚至抵触的部分，从而达到跨文化的适应。如前所述，海外工程项目经营的好坏，对于宣传母国政府形象、弘扬母国传统文化都起着不可忽视的作用，是母国与东道国之间文化交流的桥梁。此外，海外工程项目的经验教训，也是我国对外交往的宝贵财富。在世界经济一体化进程日益加快的今天，海外工程项目对于维护我国与东道国的关系发挥着越来越重要的作用。

母国政府的对外政策、法律法规、财政金融体系等，是海外工程项目跨文化经营的保障，直接影响着项目的经营管理、市场开拓，影响着项目经营目标的实现。另外，海外工程项目也是母国政府对外政策的践行者，其经验教训为母国政府制订和完善海外政策、法规提供了实践依据。

我国海外工程项目需要一大批高素质、复合型的人才，而这单靠母国本部的选拔培养是不够的，需要母国政府充分认识到培养海外经营管理人才的迫切性，创造有利于人才成长的土壤。在这种大环境下，才能有源源不断的人才供应。同时，海外工程项目通过自身的经营管理，也造就了一大批优秀人才，这不仅为母国政府提供了人才资源，也为培养人才提供了丰富经验。

海外工程项目的顺利实施离不开母国政府的服务保障，包括行业组织、高等院校、研究机构等提供的支持。海外项目从中获得指导和服务，同时也为上述机构提供信息反馈与经验借鉴。

6.2.2　与母国政府之间的协调策略

（1）加强文化建设，促进文化交流

①重视文化建设，弘扬传统文化。中华民族拥有五千年的灿烂文明，中华文化博大精深。我国政府与人民应该高度重视文化建设，继承和发扬中华民族的传统文化。对于跨出国门，到海外经营的企业，一定要重视其中国传统文化意识的培养，使其成为传播我国文化的使者。

②加强两国高层互访，举办经济文化论坛。近年来，我国政府领导高层与其他国家领导人频频互访，同时加强地区经贸合作，举办各种形式的经济文化论坛，如中西论坛、中加论坛等，都取得了很大的成功。这为我国企业开拓海外市场及海外项目的顺利开展创造了巨大机遇。

③加强民间文化交流，增进文化融合。通过民间多种形式的交往，加强国际间的交流，增进了解，消除不同文化之间的隔阂与矛盾，为海外工程项目创造良好的文化氛围。

（2）加大政策支持力度

①深入贯彻国际化理念及"走出去"战略。中国加入世贸组织后，国家机关改革时将原来对外经济贸易合作部撤销，其原行使的职能划归新成立的商务部行使。为提高我国的国际工程承包企业在国际市场上的竞争力，商务部及各地方的主管外经贸部门应在立法、金融等方面为企业提供较为宽松的发展环境，并从多方面为企业的人才培育提供广阔的天地，如尽快出台"对外承包工程管理条例"，完善管理体系、规范经营秩序。

要继续坚定不移地实施"走出去"战略，积极开拓国际市场，实现跨国经营。在开拓国际市场的过程中，应不断提高对海外经营规律的认识，努力学习国际工程的管理方法、先进经验，科学地嫁接国际工程的管理模式，培养国际工程建设队伍，提高自身管理水平，不断建立和健全海外经营项目的管理制度和运营机制。

"走出去"是国家和企业发展的需要，是工程施工产业持续发展的需要，是提升综合管理能力的需要，是培养具有国际水平的经营管理者队伍的需要。

②要建立和完善我国海外投资的法律体系和相关政策。中国现行外经业务的管理主要依据有关主管部门制定的政策，政策不统一，也没有上升到国家法律高度，缺乏连续性、稳定性。应尽快制定"海外投资法"，明确鼓励措施，健全保护机制。政府主管部门要尽量引导企业向利润率高的方向发展，为企业在对外发展战略上起引路人的作用。

③健全财政税务杠杆，通过政府补贴等形式，鼓励企业开拓海外市场，并带动劳务、设备等出口，为国家增创外汇。

④要进一步完善我国海外投资的金融服务体系。主要包括建立和完善海外投资的政治风险担保制度、扩大国内企业在境外投资的商业信贷资源、进一步完善为企业跨国经营提供的信用担保制度、正确执行企业授信政策、改善买方信贷政策、放宽外汇管制，增加企业资金调度空间、设立为企业海外投资提供信息咨询服务的专门机构等。

⑤要加强监管，确保走出去企业的质量和效益。政府要加强监管，引导企业靠规范、科学、严格、高效的管理和由此而建立起来的良好履约信誉，提高经营质量和效益，确保企业在国外市场站稳脚跟。要引导企业调整对外经营的策略，调整对外经营布局，既要扩大规模，又要立足于经营好项目、创造效益，努力规避国际工程的经营风险，使对外经营走上良性发展的轨道。

开拓国际市场，经营国际项目，要正确认识和处理好规模与效益的关系。要用国际通行标准来衡量和校正企业的经营行为，树立追求利润最大化的现代企业经营意识，使海外工程项目成为企业新的利润增长点和企业发展助推点。经营国际项目，首先是要满足业主对工程质量、进度、安全等方面的要求，但更重要的是，我们要追求企业的本质目标：一是培养人才，积累发展长效资本即人力资本；二是创造效益，积累货币资本，为企业的全方位管理创新、机制创新和持续发展，不断奠定坚实的基础。只有在国际项目的经营中，积累资本，提升企业的综合实力，才能真正走上良性发展之路。要把经营、管理好国外项目作为第一要务来抓，把效益作为经营活动的出发点和归宿，力求最大限度地优化合同管理，提高系统效率，规避经营风险，最大化地追求经营利润。

（3）加大海外工程人才培养力度

①解放思想，创造性地培养和造就适应海外工程项目的各类人才。随着我国海外工程项目市场份额的增大，各类专业技术人员、经营管理人员和国际工程管理及商务人员等人力资源的储备与现有需求规模极不适应。应采取下列做法解决人才短缺问题：一是不拘一格大胆使用人才。在选派项目经理和管理人员方面，坚持先国外后国内的原则，挑选优秀人员派驻国外。二是破格提拔人才。对海外工作成绩突出、创造了良好经济效益的回国人员，破格提拔，委以重任，使他们成为企业对外经营工作的中坚力量。三是面向社会配置紧缺人才。通过适度增强员工薪酬的市场竞争力来吸引稀缺人才。四是认真培养人才。对项目经理、工程技术骨干、涉外管理人员进行有针对性、有计划、有组织的专业培训，使他们随时了解、掌握国际工程行业及本人专业领域新的知识和信息，不断丰富和充实自己。五是积极引进人才。大量引进有志于从事海外事业的应届本科毕业生，对他们进行英语及施工专业强化培训后，从中挑选合格人才派往国外工作。六是有效激励人才。制定相应的政策，对

作出贡献的人员给予奖励甚至重奖，对国外工作人员的家属及子女给予照顾，有效地调动海外工作人员的积极性。

②加强海外项目管理人员的国际化培训和继续教育。加强海外管理人员的国际化培训和继续教育，是提高中国建设工程项目管理水平、实现建筑业产业国际化的关键。当前，其主题就是要推进中国项目管理人才国际化进程。针对在岗项目经理的现状和国际工程市场对人才的需求，必须坚持"引进来"和"走出去"相结合的方针，注重培养四种管理人才和技术人才：a. 能适应、加速工程企业结构调整和熟悉项目管理、创建项目精品的复合型知识人才；b. 熟悉国际惯例，有一定外语水平并适应中高级工程技术的外向型人才；c. 能适应技术进步和海外工程项目管理需要的开拓型经营与决策人才；d. 能适应和满足海外工程经营规模和高新技术需要，并能实践操作、指导施工的高级技术人才。

目前海外项目管理人才在建设工程管理中具有举足轻重的作用，他们所承担的重大责任直接影响到工程建设项目的成败和企业的经济效益。特别是项目经理的基本素质、管理水平及其行为是否规范，对工程项目的质量、进度、安全生产和守法遵章等起着决定性作用，也是企业走向市场、实现产业国际化的关键。因此，对海外项目管理人才的国际化培训和继续教育，应该是政府相关服务部门的一项长期任务。要从产业国际化战略出发，把项目管理人才国际化培训和继续教育纳入行业管理和企业发展规划。继续教育一定要有丰富理论知识和管理理念，以内容新、见效快、周期短的培训为主，通过继续教育补缺陷、转观念、上水平、拓宽和更新知识层次。[①]

---

① 吴涛. 建筑产业国际化与项目经理国际化 [N]. 建筑时报，2003-04-17：03.

（4）为海外工程项目提供多方面服务

应加大行业协会服务与管理力度，促进海外工程项目管理与国际接轨。我国的国际工程行业商会主要指中国对外承包工程商会、中国国际工程咨询协会和中国国际经济合作学会，另外很多省份也成立了外经行业的商会组织。行业商会主要起协调和指导作用。在针对提高海外工程项目跨文化管理水平方面，行业商会一方面要加强对业内"走出去"企业的人力资源跨文化培训，另一方面，要注意不断提高服务水平和质量，强化提供信息、咨询及相关服务的功能。

充分发挥行业商会的作用，对提高跨文化管理水平是十分必要的。商会代表企业、行业的利益，为企业提供专业化指导、咨询、协调和服务。商会要加强对行业的协调，维护行业经营秩序；根据企业的需要，加强培训、信息服务；积极组织国际市场调研，促进与国外同行的交流与合作，帮助企业开拓市场；向政府反映企业的意见与建议，为行业的发展争取有利的外部环境；当好政府的助手，积极贯彻落实各项方针政策。

高等院校在设置国际工程专业时：一是要应尽可能地设置海外跨文化经营的课程，提高毕业生的适应能力。二是要加强对海外企业在职人员的培训，进一步充实和更新他们的业务知识和外语水平。与国内的著名企业联系，进行实际调查之后，不仅要在课程的设置上符合我国企业的需要，而且在任课教师的选择上也要聘请一些具有丰富的海外经营经验的管理人员，向在校学生传输实际的项目运作经验，共同建立国际一流的国际工程管理学院，培养海外工程项目管理人才。

研究机构应为我国的国际工程承包行业提供优秀的新技术、新材料，新的施工工艺、管理软件和投标报价软件，并能够与企业联合开展合作，提供良好的培训和支持工作。同时，应加强对海外跨文化经营理论的研究，为我国海外工程项目提供理论指导。①

6.3　与母国本部的交互作用与协调策略

　　我国海外工程项目与母国本部保持着密切的联系，两者相辅相成，在管理、信息、后勤、人才等方面联系最为密切。如图 6 - 3 所示。

6.3.1　与母国本部之间的交互作用

　　海外工程项目作为母国本部在国外的一个经营团队，离不开本部的领导、管理与监督，本部的经营理念、管理模式、企业文化等直接影响着海外工程项目的运营机制。另外，一些重大的经营战略与外交事务，也往往需要本部实施，如与东道国政府高层的交往等。同时，海外工程项目作为母国本部的一个利润增长点，其经营绩效直接关系到本部的效益，关系到本部战略规划的实施。另外，海外工程项目的自身经营状况也为本部管理提供了一线的决策依据，影响着母国本部经营理念的改进与发展。

　　在信息越来越重要的现代社会，海外工程项目与母国本部之间的信息沟通是必不可少的。一方面，涉外项目要从本部获得业务指导，技术支持，财务、法律、金融等服务，学习国内的先进知识与经验，以改进项目的经营管理；另一方面，海外工程项目也要及时向国内本部汇报项目进展情况、成本效益、工程质量，以及对外关系、员工队伍、市场动向等情况，便于

---

　　①　王广山．国际工程项目中的人力资源管理研究［D］．天津：天津大学，2004：44 - 45.

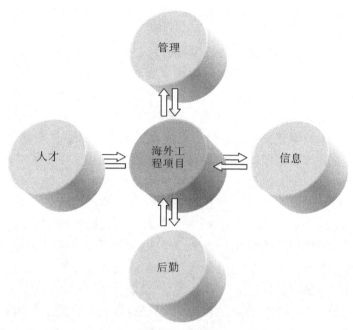

图 6-3　海外工程项目与母国本部间的交互作用

本部对项目经营情况进行了解和决策。

　　作为跨文化适应的基础——人力资源，海外工程项目的主要管理人员、技术人员，甚至有的现场操作人员都是从母国本部派出的；同时，外派人员在国外项目得到了一定的锻炼与培养，又为母国本部输送了一批有国外工作经验的人才。

　　海外工程项目在国外的施工，在设备、材料、技术等方面都离不开母国本部的保障。另外，项目员工在国外工作，而家属在国内，由于长期不能回家，每个人的家庭都可能会出现这样那样的事情，如子女教育问题、住房问题等。这些问题解决不好，势必影响海外员工的思想和工作。

6.3.2 与母国本部之间的协调策略

（1）母国本部要为海外工程项目创造良好的外部环境

①深化改革，实施海外工程项目本地化战略。为了更好地保障海外工程项目的跨文化发展，母国本部应积极学习国际知名跨国企业本地化运作模式，完善企业投资和考核体制，加强以人为本的企业文化的建设，形成各民族职员平等竞争的氛围，努力提高核心竞争力和发展力，形成成本优势、技术优势和品牌优势。同时，应将海外工程项目本地化列入公司的中长期发展战略。要以大力吸引当地智力和技术资源为中心任务，制订本地化工作的计划进程、内容、要求、相关措施和规定。例如规定某些岗位必须使用当地人、中高级管理人员和关键技术人员的当地人比例，中国外派人员负有寻找、培养当地优秀管理和技术人员的责任等。

②与东道国加强交流，尤其是与当地政府、业主、监理等进行高层往来，促进文化融合，为海外工程项目创造良好的外部环境。加强互访，必要时邀请上述关键人员来母国本部访问，以加强他们对项目和企业的认识与了解，沟通感情。

③采取多种形式与东道国企业加强合作，促进经济往来。通过组建联营体、开展国际合作等方式，与项目所在国的企业加强交流。一方面为项目的实施创造良好的外部条件，一方面也有利于本企业开拓海外市场，扩大经营规模。

④分析涉外经营文化风险，实施风险管理策略。风险是在一定环境和期限内客观存在的，导致费用、损失与损害产生的，可以认识与控制的不确定性。跨文化经营的风险是由不同国家文化的差异，具体如基本价值观的差异、社会生活习俗以及技术等的差异导致的企业经营中的不确定性。企业跨国经营的文化风险往往与政治风险、经营风险、其他管理风险（组织管理、

人力资源管理风险）交织在一起。要建立一套行之有效的跨文化经营风险管理预警机制，加强与当地政府的合作与沟通，与当地利益相关者保持对话，适当向保险公司投保，以转移、控制和降低经营风险。

（2）加强母国本部与海外工程项目的信息交流

①母国本部要与国外项目组保持畅通的信息交流渠道，要有专业部门与海外项目组对口联系，及时传达本部的指令、提供信息服务等。

②海外项目组要及时向国内本部编报内部经营情况报告，定期以季报、月报、周报等形式，汇报项目进展情况。

③加强海外项目组的信息化管理，搭建信息网络技术平台。信息化已逐步向电子化和数字化的方向发展。对于国际工程承包行业，信息处理应向基于网络的信息平台方向发展，特别是使用先进的网络版项目管理软件。这样公司总部与海外项目组的信息交流才能及时全面。

④创办内部刊物。海外工程项目组应创办内部刊物，定期出版，及时反映项目近况、员工思想动态、东道国社会信息等。这一方面可以促进项目内员工的交流，反映职工心声与思想动态，培养团队文化，另一方面也便于母国本部对项目进行全面了解。

（3）完善人才使用和激励机制

①母国本部要努力保证海外项目组人员与劳务的外派，按照项目组的要求招聘和选拔合适的人员，严格把关，确保派出人员的精干高效。

②加强海外项目组人员的培训教育。一是利用国外业余时间组织员工学习，二是适当安排有关骨干利用回国休假时间进行专项培训。

③使激励制度成为吸引人才、激发人才积极性的重要手段。

目前，企业的激励手段主要有薪酬（包括工资、绩效工资与奖金）、福利与服务、职业生涯保证等。

完善薪酬体系。由于目前世界各地生活水平、收入水平不一，所以在报酬上无法统一，必须根据母国与项目所在国的具体情况、制度，对派往各个不同国家的人员采用不同的报酬制度，不要搞"一刀切"。公司总部对外派人员无法实施直接的控制，只能通过各种评价方式，对外派人员的成绩和贡献进行评价和激励。比如说对项目的利润大小进行整体评价，通过项目的管理层对某一个员工进行评价。当然，由于每个海外工程项目的情况不同，薪酬制度也会各具特色；但无论是哪个项目，都要注意以下问题：a. 薪酬体系必须要有激励性；b. 薪酬体系的建立，必须以合理的岗位设计和岗位评价为基础；c. 海外员工的薪酬必须结合绩效考评，与业绩挂钩，使每个员工的收入与他们的工作业绩好坏、对项目贡献大小紧密联系在一起；d. 薪酬体系不仅要对国内总部人员具有激励力，而且要对驻外工作的员工具有吸引力，使他们乐于到国外、乐于到生产经营一线、乐于到艰苦地区工作。

健全福利制度。一个好的福利制度是企业薪酬体系的重要补充，对于企业吸引人才、稳定员工队伍、提升满意度都发挥着巨大的作用。国际工程承包企业在设计福利制度时，可根据人才竞争形势的需要，在依法向员工提供正常的福利之外，结合各自实际情况，进行福利制度创新，努力探索住房补贴、购车贷款、国外旅游、子女教育辅助等新的福利模式，并学习借鉴西方的"自助风格福利组合"方案，把企业拟花费在每个员工身上的附加福利数额告诉职工，根据不同福利种类规定的最高限额，允许职工在公司指定的多项计划中进行选择。还要保证员工的各项医疗保险、养老保险等法定福利制度都能照常享受。如果项目工期较长，公司还要为员工特别安排探亲时间和补贴、休假旅游等福利待遇。①

保证职业生涯。有的公司在考虑员工晋升更高级别的职位时，只考虑眼前看得见的公司总部或国内各公司人选，而忽视了在视线以外的外派人员。这样会打击外派人员的积极性，使他们担心过久的海外工作会逐渐远离公司总部，远离公司的权力核心，被总公司所忘记，难以晋升，有很强的"失落感"。为了防止打击外派人员的工作积极性，必须制定相应的人事管理制度，对海外项目职工的职业生涯予以重视和保证。②

（4）健全母国本部后勤保证体系

①建立国内后勤保证体系，作好国内外管理的衔接与沟通。企业一旦进入国际市场，国内外时空上的距离将会增加企业管理的难度，同时也会产生一些新问题。母国本部应组建针对各个国外工程项目的国内工作组，以国内工作组为基础，建立国际工程部与海外工程项目之间的精干高效的信息交换、业务处理、后勤保障工作平台。

②在宏观统筹的前提下，强化"国内服务国外、国内需要服从国外需要"的指导思想，牢固树立为海外工程项目提供服务保障的意识。

③从人员招聘、设备采购、技术支持方面，为海外工程项目提供周到细致的保障，确保前方生产施工的顺利进行。

④切实解决海外项目员工的家庭生活困难，为海外员工免除后顾之忧。

---

① 王广山．国际工程项目中的人力资源管理研究［D］．天津：天津大学，2004：41-42.

② 梁能．国际商务［M］．上海：上海人民出版社，1999：382-387.

海外工程项目跨文化管理
个案研究

7.1　大连国际苏里南项目概况

中国大连国际合作（集团）股份有限公司（以下简称"公司"）是具有市政公用工程施工总承包一级和房屋建筑工程施工总承包一级资质的以国内外工程承包为主业的外经企业。公司股票于 1998 年在深圳成功上市，1999 年通过 ISO9001 质量体系认证。至 2007 年末，公司总资产达 34 亿元人民币，员工达1391 人。从 1995 年起，公司营业额连续居全国外经公司前 20名，在美国《工程新闻记录》杂志（ENR）评选的 2007 年 225家最大国际承包商中排名第 154 位。

公司以工程承包为主业，充分利用国内外两种资源。在国际市场上，靠自身实力与特色大力开拓市场。从 1989 年承建巴布亚新几内亚国际体育中心开始，先后在巴布亚新几内亚、俄罗斯、马来西亚、斐济、加蓬、尼日尔、苏里南等国家承建了城市道路、桥梁、星级宾馆、高级公寓、住宅、学校、厂房等近 30 个工程项目。各项工程以质量优、速度快受到业主的普遍好评，在相关国家和地区形成良好的声誉。公司以开拓创新贯穿企业经营过程，先后进行融资创新、技术创新、人才战略创新等，并在建筑新材料方面进行投资，使公司工程承包产业迈上新的台阶。

1999 年年底，公司首次进入位于南美洲的苏里南。为开辟这一新的市场，公司抓住机遇，果断决策，垫资承建了苏里南共和国道路工程项目。该道路全长 270 公里，合同额 4100 万美元，工期三年。经过三年的艰苦创业，工程进展顺利，分段陆续交工，以质量好、工期短而受到所在国政府的高度评价，并使公司的品牌家喻户晓，与当地政府和社会各界建立了广泛而密切的联系，从而一举站稳了苏里南市场。

2004 年，公司又承建了苏里南共和国首都帕拉马里博市区 275 公里道路项目，工程总造价 5600 万美元，工期三年，至 2007 年底已圆满完成，受到当地政府和人民的高度评价，树立了公司的又一座丰碑。

在此基础上，2007 年，公司又承揽了苏里南 500 公里道路修建工程，合同额 2.15 亿美元，工期三年，于 2008 年 3 月 20 日开工，目前正在紧锣密鼓的施工生产之中。

经过九年的发展，"DALIAN"（当地人对公司的称呼）在苏里南已经成为一个著名的品牌，与当地政府各部门、社会团体、企业及中国使馆、中资公司建立了密切的联系，真正实现了跨文化的融合，不仅创造了巨大的经济效益，也为促进两国关系、增进两国文化交流作出了巨大贡献。苏里南总统、副总统都曾到大连的公司总部参观访问。苏里南总统费内希安先生 2004 年 2 月来大连访问与夏德仁市长会见时谈到，在苏里南，所有的人民都知道中国和大连国际公司，我一直以为大连是一个公司，今天才知道这个公司代表的竟是一座美丽的城市。

7.2 大连国际苏里南项目跨文化管理分析

7.2.1 苏里南项目跨文化管理初期体现出的突出问题

大连国际在苏里南的发展，经历了艰难的探索过程。尤其是初期因为对苏里南市场不够熟悉，当地的风俗习惯、文化观念、思维方式、生活方式等与国内差异很大，项目组面临着诸多困难，这主要体现在以下方面：

（1）项目内部的矛盾

①国内外派人员与新工作环境的矛盾

项目初期，国内外派人员人员与当地沟通较少，工作与生活相对闭塞，经历了刚到苏里南时的好奇、新鲜感之后，由于远离祖国和亲人，失望、失落、烦恼、焦虑的情绪笼罩在大家的心头。每天不仅要面对风俗习惯、生活方式不同的压力，还要经历对价值观念和思维方式的质疑。当地政府、银行等的作息时间是早上 7：00 到下午 3：00，与我们国内朝九晚五的习惯差异很大，很不适应。

在国内的工作环境里，员工早晨到公司上班，白天工作 8 小时之后，晚上下班回家，可以和家人在一起，缓解一天的工作压力。而在国外，因为工作生活都是在项目组的大院里，上下班的界限不很分明，即使在深夜，职工有什么问题，一样要工作，这就使人的思想始终绷紧，处于紧张状态。同时，由于公司在苏里南是一个庞大的队伍，职工的吃喝拉撒睡都要管，这也加大了项目组的工作压力。

②当地聘用人员与项目管理方式之间的矛盾

大连国际在当地聘用了几名翻译人员，同时招聘了五十余名司机和设备操作人员。因为工期紧、任务重，常常需要夜间加班施工。尽管当地建设部和有关法律部门同意，但这与聘用人员的作息时间有冲突，造成了很多矛盾。中国公司对时间观念要求高，尤其是道路施工企业，更是分秒必争，但当地人的工作作风涣散、时间观念差，常常拌和站的料已经好了，司机的车还没有到，还有的司机拉着材料，在半路上休息睡觉。另外，当地的节日又比较多，节假日、周末根本找不到人，给施工带来了很大影响。在薪金政策上，中国企业习惯于基本工资与奖金相结合的办法，这有利于加强激励、促进效率，而当地人不适应这种做法，要求全部采用固定工资。另外，由于语言的障碍，也造成了一些矛盾：有几次运输材料，因为沟通中的问题，司机将材料运到错误的地方，影响了施工生产。

另外，苏里南当地人有一个特点，对加班工作深恶痛绝，下班时间一到，或者节假日，即使付几倍工资也没有人愿意加班。而且他们维权意识特别浓，常常罢工，并上告苏国劳工组织，给公司带来很多麻烦。

③企业成员的文化与企业原先文化之间的冲突

项目组的员工来自公司本部、三冶建筑公司、江苏国际等多家企业，其各自在国内的企业文化差异很大，来到苏里南后，在一个项目组内共事，在一定时间内还保留着原来企业的文化，相互之间在工作习惯、思维方式等方面差别很大，由此也造成了很多矛盾。

上述问题造成了企业组织管理不畅，管理效率下降，从而加大了生产经营的成本。

（2）项目外部矛盾

①因不熟悉当地宗教信仰、政治团体所造成的矛盾

初到苏里南，员工对当地的宗教信仰、政治团体不熟悉，引起了很多不便甚至矛盾。苏里南是一个多民族国家，其中印度斯坦人占35%，克里奥尔人占32%，印度尼西亚人占15%，丛林黑人占10%，印第安人占3%，华人占3%，其他人种占2%。另有约18万苏里南人旅居荷兰。荷兰语为苏里南官方语言，通用苏里南语。各民族均有自己的语言。居民的40%信奉基督教，33%信奉印度教，20%信奉伊斯兰教。2000年的自然出生率为0.8%，自然死亡率为0.7%。

另外，苏里南全国在册的政党有20多个，而且是一个言论非常自由的国家。公司刚进入苏里南时，因为和个别党派接触得稍多一些，便引来其他党派的非议，在新闻媒体上大肆宣传，认为是有黑幕交易，给工作带来了很大影响。

②因不熟悉当地法律、法规所造成的矛盾

苏里南虽然是一个落后国家，但该国法律对企业职工的工作、生活条件要求比较高。项目组建立初期，职工的工作、生活环境比较艰苦，住在简易板房里，四个人一个房间。苏里南劳工部来检查，针对工作、生活条件提出了许多要求，要求每个房间住宿不得超过三人，限期整改，否则不许施工。

另外苏里南法律非常注重保护职工的权益，规定外国企业必须招聘30%以上的苏里南职工，企业不得随便辞退工人。辞退工人要多付2～3个月工资，法律认为在辞退后的2～3个月内他要找工作，也要生活，企业要保障他在这段时间内的生活。这是法律规定，没有回旋的余地。所以招聘和使用当地工人是一件很令人头疼的事，稍有不慎，便会陷入法律纠纷之中。

③与当地政府部门、社会团体之间的矛盾

苏里南政府部门办事效率低下，管理混乱，互相推诿，各自为政，给项目组的工作带来很大的困难。例如居留的办理，苏里南法律规定凡外来人员在苏里南停留半年以上者，必须办理居留，取得合法居留权。但司法部移民局办事的效率非常低，往往申请两到三年都办不下来。有时候居留刚刚拿到，就即将过期了，因为法律规定居留一年一办，延期和新申请是一样的手续，致使大批外国人员都没有办理居留手续。因为公司承建的道路项目是苏里南政府的项目，合同中规定苏里南政府需要协助办理居留等相关手续，但是建设部给司法部的信作用不大，因为这两个部属于不同党派。

因为没有居留，致使大连公司的很多司机都不能办理当地驾照。一段时间内，交警一窝蜂地堵查公司车辆的驾照，凡无照驾驶的罚款250苏元（折合人民币750元），严重影响了施工生产。最后找到总统才平息了这一事端。

另外，当地社团都以为公司是一块大肥肉，不断来拉赞助，要支持。有的是道路坏了需要维修，有的需要平整场地，有的要疏通排水，有的要铣刨废渣，给公司的生产经营造成了影响。

④与监理公司的矛盾

项目初期，监理问题一直困扰着大连公司。由于监理公司与政府的合同是按月支付监理费（当地同期工程的其他监理公司都是按进度支付监理费），造成监理对工程进度的极度漠视，在工作上极不配合，甚至故意刁难，以此拖延工期。因此双方经常争论不休，关系一直处于僵化状态，许多问题都积压下来不能解决，工程进度也比计划严重滞后。

⑤当地分包商、材料供应商的矛盾

在工程施工中，边石、涵管等工作被分包给当地一些公司，但由于他们的工作效率低，常常贻误工程进度，造成施工环节衔接不上。而且其工作主动性差，缺乏计划性，施工中常常因为缺少某种材料而停工。等该材料到货，另外一种又短缺了，常常捉襟见肘。当地企业与职工头脑中缺乏一种时间观念，无论遇到多么急的工作，总是不紧不慢地干，与中国人"时间就是金钱"的理念截然不同。

在材料供应上，违反合同更是家常便饭，常常是公司签订了什么时间、什么地点送多少材料的合同，供应商信誓旦旦，却往往做不到。

综上所述，公司苏里南项目由于跨文化的差异，在项目初期存在着诸多矛盾，这对项目经营造成了很大影响，使项目的管理变得非常复杂，经营目标和经营观念难以统一，决策实施和统一行动变得非常困难。

7.2.2　苏里南项目跨文化管理的经验借鉴

要解决跨国经营中的文化冲突问题，促进跨国经营健康发展，就必须有效地实施跨文化管理策略。大连国际详细分析了企业在苏里南所面临的跨文化冲突问题，在承认、重视苏里南与中国文化差异的基础上，尊重当地文化，学习补充，加以协调，吸收本土文化的优势，因势利导，形成了一种合一的、全新的企业文化。在解决文化冲突、有效实施跨文化管理战略的过程中，采取了下列措施：

（1）增强跨文化意识，学习当地文化

跨文化意识与沟通技巧不是一蹴而就的，它最终来自在与其他文化的人相互影响中获得的经验，这是一个积累的过程。在海外经营中，学习外国文化要通过语言与文化的培训和在文化境遇中模拟锻炼等途径。

先要确定项目对当地文化意识需求的程度。对于一个海外项目来说，需要具备外国文化意识的程度主要取决于四个方面的因素：海外经营的职能、东道国数量、母国与东道国文化的差异程度、承担海外业务的方式等。项目所涉足的海外经营职能越多，发生业务交往的国家越多，两种文化相差越远，本项目独立承担的海外业务越多，对东道国文化意识的需求就越强；反之，这种需要就越低。公司苏里南项目从以上四个方面分析了海外业务情况后，确定了项目对东道国文化意识的需求程度，给项目的外国文化意识需求予以正确定位。

在学习当地文化的过程中，公司苏里南项目充分注意了以下问题：第一，尊重东道国文化。每一种文化关于价值判断的标准在其文化体系下都具有某种合理性。只有从一定的文化体系的角度来考察它们，才具有意义。项目组人员尊重当地的习惯和传统，尊重他们的生活方式。第二，消除自我参照准则，避免错误归因和评价。在跨文化经营管理与交流中，很多人存在一种误区，往往自觉或不自觉地以自身的价值观念和标准去解释和判断异文化群体的倾向，认为类似自己文化的行为是正常的、优秀的，而不同的则是不正常的、落后的。为此，项目组特别强调从异文化的历史和理念来解释、评价和看待异文化群体的行为。第三，认识当地文化的复杂性。苏里南国家内部有不同的民族、不同的宗教群体、不同的社会阶层，不同的区域和城乡之间也存在差异，具有复杂的文化，项目组对此予以充分认识。第四，注意文化情境的高低。一般说来，在低情境文化中，大多数信息中的大部分意思是体现在明确的文字符号表面上的。相反，在高情境文化中，大多数信息中的大部分意思是包含在某种方式的含蓄或者在接受方的内在意会之中，语言中的许多意义要通过推理才能得以理解。在学习当地文化的过程中，项目组人员对此要重视。

（2）分析本国与东道国文化的差异

文化差异是文化冲突的根本原因。要消除文化冲突，首先要分析识别其文化差异。在掌握了一些基本的跨文化知识和沟通技巧后，管理者必须进一步认识母国文化与东道国文化究竟存在多大的差异以及这些差异主要表现在哪些方面，以便对项目的战略和行为作出相应的调整，使其成功融入东道国文化环境。为此，企业首先应对东道国文化的诸要素，如语言、宗教、法律、教育、审美观念、价值观等进行全面的学习和调查，并找出与本国文化的差异，分析这种差异对项目跨国经营可能造成的现实的或潜在的影响，有针对性地提高跨文化适应的能力。

企业文化可分为三个范畴：正式范畴、非正式范畴和技术范畴。正式范畴是人的基本价值观念，是判断是非的标准，它能抵御企业改变它的外部力量，所以正式范畴带来的摩擦和冲突常常不易消除，只能通过教育转变其价值观念。非正式规范是人们的习惯、风俗等，由此引起的冲突可以通过较长时间的交流、相互影响而消除。技术范畴则可以通过人们对知识的学习而掌握，比较容易更改。不同规范的文化所造成的文化差异的程度和类型是不同的。因此，要明确区分文化差异中哪些属于正式规范的差异，明确树立优质企业文化的主体，即形成共同的价值观，以此来引导全体员工的行为；哪些属于非正式规范的习惯行为，可以怎样去影响它、改造它；哪些是属于技术规范不同，通过组织学习培训直接改造它。通过分析识别企业文化差别的类型，找出消除文化冲突的正确途径。

（3）进行文化整合，消除文化冲突

通过学习当地文化和文化差异的识别，员工提高了对苏里南文化的鉴别和适应能力。在文化共性认识基础上，根据环境的要求和项目战略的需求建立起共同经营观和强有力的团队文化。这样不断减少摩擦，使得每个职员能够把自己的思想与行为同项目经营业务和宗旨结合起来，在苏里南市场上建立起良好声誉，增强了项目在苏里南的文化适应能力。

（4）多方面、多层次加强人力资源管理

苏里南项目识别不同类型人力资源的动机和目标，针对中外员工的不同特点和优势，分类进行管理、培养、灵活使用，提高人力资源使用效率，从而提高项目经济效益。

第一，区分不同的动机和目标进行管理，设定多样化的激励和约束机制。对于目标较单一的作业层人员，建立多种形式的物质报酬的激励和约束机制：除正常工资奖金外，适当以增加补贴、改善劳动条件、建立长期雇佣关系等目标进行诱导，防止效率增长速度跟不上报酬的提高速度和项目人力成本增加过大的现象。对于目标各异的管理层人员，首先应采用谈心交流等方式了解不同人员的目标，区分各个目标分别设定激励、约束方式，给予他们充分实现个人价值的发展空间，充分授权、委以重任，发挥其聪明才智与创造性潜能。注重项目内部文化氛围的形成，加强交流，使各领域、各层次的员工求同存异、共同发展。如：对为项目作出突出贡献的员工，采取开会表彰等公开方式使其感到自身价值实现、获得他人的认同；对非本国雇员采用中国式的会餐等文化活动使成员加强了解、促进融合等等。避免激励约束方式的单一化造成的低效率，建立对外有市场竞争力的、对内公平公正的目标导向的激励约束体系。

第二，加强培训、培养、锻炼，提高人员的素质。对作业人员，通过观察，将其中部分成绩突出、能力较强的选拔出来，通过培养锻炼使其具备更强的带动、组织一般人员的能力，逐步将其转化为技术型、管理型的工人、工长，提高生产要素的使用效率。对于管理人员，尽量安排培训机会，让他们学习掌握当地法律、法规、制度、做法，取得与项目实施有关的当地或国际标准的认证证书，加强与项目所在国本地语言、文化的融合。这些措施，不仅有助于员工自身素质的提高，更有助于项目的顺利实施，化解和避免许多矛盾，降低了工程项目在国外经营的风险。

第三，强化制度约束，完善管理，保证当地雇员高效的工作。鉴于苏里南与我国文化传统、劳动法规等方面的差异，当地雇员工作方式的不同不仅可能带来本身工作的低效率，也可能对本国派出雇员的工作形成不良影响。一方面，遵守项目所在国的劳动法律和制度，避免产生不必要的纠纷和麻烦；另一方面，力图建立完善的适合项目建设需要的项目内部管理规章制度以及有效的绩效评价和奖罚标准。在雇用时即谈定合同条件，明确具体要求，并在实施中严格落实执行，尽力争取在管理上处于主动地位。

第四，努力发掘各类雇员的特长，优化调整岗位分工，发挥资源优势。国内派出的人员往往是根据其以往的经历和能力进行选拔的，是基于一定条件作出的价值判断。作业人员在选拔时可能条件相仿、劳动技能水平相当；管理人员可能适应他们以前所处的环境，能胜任各岗位的职责。但在国外不同的社会、自然条件下，在各种不同的激励约束条件下，人的吃苦能力、劳动效率和创新精神却不一定相同，部分人往往会逐渐显现出特有的各种才能，部分人也可能无法胜任新环境下相应的工作。因此，努力发掘个人的特长，根据情况合理调整岗位安排，把他们放置到能发挥他们最大优势的位置上，或让他们离开使他们陷于最大劣势的位置，实现资源的合理优化配置。

（5）正确进行海外任职人员的选拔和跨文化培训，建立协同的海外施工团队

最初项目组在选用海外任职人员时，总是瞄准技术技能和专业技能最强的人员。但实践证明，驻外人员面临的最大挑战不是工作本身，而是新文化背景给驻外人员带来的跨文化交往中的障碍。所以，基于海外特殊工作条件的项目任职人员的选拔与培训是至关重要的。

首先是驻外人员的选拔。虽然专业与技能是国际任职的首要条件，但不是充分条件。成功的驻外人员除具有良好的工作能力外，还要有比较出色的语言能力、人际关系能力，以及去海外工作的强烈愿望，对任职地的文化有较丰富的知识，且行动弹性大，适应能力强，思想开放。

其次是外派人员的跨文化培训。培训的主要内容包括对文化的认识、文化的敏感性训练、语言学习、跨文化沟通技巧及冲突处理、地区文化情境景模拟等。跨文化培训能够使驻外人员迅速地适应国外的新文化。培训的基本途径主要有两种：一是通过公司内部的培训部门进行培训；二是利用外部培训机构进行培训，如大学、科研机构、咨询公司及各种文化协会等。

跨文化培训主要是培养管理人员在跨国经营中的跨文化理解能力和文化适应能力。通过适应性训练，提高员工对不同文化的适应性，在此基础上进行文化整合，进而消除文化冲突，实现文化协同。

跨文化理解包含两个方面的意义：一是要理解他人文化，

首先必须理解自己的文化。对自己的文化模式，包括其优缺点的演变的理解，使我们在跨文化交往中能够识别自己和他国文化之间存在的类同和差异。二是要善于"文化移情"，理解他人文化。文化移情要求员工必须在某种程度上摆脱自身的本土文化所形成的文化约束，从另一个不同的角度反观自己的文化，同时又能够对他人文化有正确的理解和认识，而不是盲目地落到另一种文化俗套之中。

文化敏感性训练是跨文化培训中一种重要方式，是为了加强人们对不同文化环境的反应和适应能力，促进不同文化背景的员工之间的沟通和理解。其具体措施为安排不同文化背景的人或在不同文化地区工作的员工在一起进行多种文化培训。打破每个人对不同文化环境的适应性，加强不同文化之间的合作意识和联系。

(6) 实施人才本土化策略

文化融合是跨文化管理的核心和关键，是解决冲突的最有效方法。苏里南项目为了有效实施文化融合，采用了管理人员的本土化措施，即项目的部分经营管理人员、技术人员由东道国当地人员担任。项目组聘任当地的律师、会计师负责协调当地相关法律、财税事务，同时，聘任当地外事人员与技术人员负责对外事务和现场施工的协调管理。人才本土化对项目在苏里南的经营具有重要意义。当地人受聘管理生产经营业务，他们深谙当地的文化传统及其影响下的行为和思维方式，能很好地与当地部门进行沟通，达到很好的效果；同时，这些当地人员一般都受过良好的教育，对项目的运行方式、管理方法等有深刻的了解，能较好地理解和贯彻领导层的管理思想。管理人员本土化对于化解文化冲突、促进有效合作具有重要的作用。

人才本土化战略不仅避免了因文化差异造成的经营管理上的损失，而且增强了项目所在东道国的信任感，保证了项目管理人员的相对稳定。人才本土化战略在某种程度上还可以最大限度地消除文化上的隔阂，增强项目与所在国政府打交道的能力。

（7）通过多种形式加强组织沟通

海外工程的项目特征，决定了项目组在内部权利分配和责任范围的界定上有其"先天性"不足。苏里南项目通过合理设计内部组织结构，尽可能做到主要管理人员在责任、权利和义务上职责范围清楚，分工明确，避免因权力重叠和责任不清所造成的内部冲突。同时，在项目组组建时，充分考虑了项目组中主要领导成员之间在性格和观念上的异同，合理搭配项目组领导班子，降低项目组内部发生冲突的可能。

①签订项目组内部冲突个人承诺书。公司在项目组出国前会对其进行内部冲突解决方案交底。书面告知项目组成员，在项目组内每个人向上级汇报问题和请示任务的隶属关系，向下级指派任务和领导控制的组织关系，以及左右之间的协作关系。让项目组成员明确一旦出现矛盾或发生冲突时的解决机制。在总公司与项目组成员签订的责任承包合同中，专门设置了一个关于项目组内部矛盾和冲突解决机制的责任条款，以防患于未然。

②加强沟通，建立定期例会制度。项目组内部加强沟通，是增进共识、消除分歧、防范冲突的有效途径。项目组建立定期例会制度，为项目组成员提供了一个沟通的正式场所。每周三下午和周日晚上召开工作例会，一方面可以制订计划，安排任务；另一方面，可以统一思想、增进共识、消除冲突。另外，项目组还很重视非正式组织的作用，许多在正式场合产生的分歧，利用非正式场合进行沟通，加以消除。

③建立项目远程实时管理信息系统，与公司本部保持畅通的信息交换。网络的出现及其在全球范围内的普及，为海外工

程的远程实时管理创造了条件。以往项目组对公司总部的汇报，因通信设施等原因，总是严重滞后，直到项目组内部的矛盾和冲突发展到非常严重的程度，才被公司总部察觉。此时，解决冲突的成本和代价非常大。建立项目远程实时管理信息系统，使公司总部了解国外项目组每周的工作计划和每天的工作任务。该系统在实现总部对项目进行实时远程管理的同时，也有利于公司总部及早发现项目组内部的矛盾，防止冲突的升级。

④加强跨文化沟通。苏里南项目组编辑出版了内部刊物《苏里南之路》，定期公布项目经营状况、公司新闻动态、宣传健康的企业文化，广大员工积极参与，踊跃投稿。同时，项目组的走廊里，安放了一个放置员工建议表的小柜子和信箱，这可以让每个员工随手都能取到建议表，填好后放入信箱。这些建议表之后都能被送到专职的"建议秘书"手中；专职秘书负责及时将建议送到有关部门审议，作出评价，建议者随时可以直接打电话询问建议的下落。项目组设有专门小组，负责审核、批准、发奖。对不采纳的建议，也要用口头或书面的方式提出理由。这不但提供了一个与员工沟通的平台，而且也在很大程度上激发了员工的参与意识，给项目带来了活力。

这些措施不但对项目顺利进展起到了举足轻重的作用，同时还起到了沟通不同文化背景员工的桥梁作用。因为每一个员工提出一个建议时，即使他的建议未被采纳，也会达到两个目的：一是使管理人员了解到这个职工在想什么，从而使项目保持了一条上情下达、下情上传的通道；二是建议人在得知他的建议得到重视时，会产生对项目的归属感、满足感和受尊重感，从而激发出经久不衰的创造力。而且，在知识经济时代，这种建议制度的实施，有利于知识在项目内部的传播。知识同其他有形资产不同，其共享和使用非但不会减少价值，反而会在使用过程中得到进一步的升华和增值。这些措施为融合企业文化开辟了一条崭新的通道。

（8）建立民主和谐的领导决策制度

①项目领导层和中层部门负责人与职工打成一片，想职工所想，急职工所急，建立起"领导＋朋友"的关系。项目上下开诚布公、畅所欲言，这对于缓解职工在异国他乡的孤独郁闷情绪起到了重要作用。

②在项目管理和施工生产上，充分发扬民主，调动广大职工的积极性和创造性，多方征求意见，形成了良好的决策氛围。这增强了职工的集体荣誉感和主人翁意识。

③建立了决策项目预告制度和重大事项公示制度，增强了领导决策的透明度，最大限度地避免了决策失误，增强了团队的凝聚力、执行力和战斗力。

（9）加强对外协调，为项目创造良好的外部环境

公司和苏里南项目组非常注重对外关系的协调，公司利用一切条件为项目创造一个良好的外部经营环境。公司高层与苏里南政府总统、各部部长等都建立了良好关系。在公司的积极促成下，苏里南总统费内希安先生两次来华访问，并专程到公司总部参观。2007年9月，苏里南副总统萨灸来中国访问，也到大连国际参观。苏里南建设部、财政部等代表团多次来大连。这促进了双方的理解与合作，为项目的顺利进展创造了良好条件。

积极利用政府高层访问的机会为项目发展创造机遇。2003年1月，国务委员吴仪访问苏里南。2007年1月，政治局常委李长春访问苏里南。两位国家领导人对公司在苏里南的发展都留下了深刻印象。公司抓住机会，充分利用领导人访问签订双方经贸合作意向的机会，协调与苏里南和国内的相关部门的工作，促成了二期项目与三期项目的顺利签约，并为项目的顺利进展奠定了基础。

项目组高度重视与苏里南社会各界的交往，与政府各部门建立了良好的关系，积极参加社会公益活动，树立了良好形象。在苏里南，"大连国际"已经成为一个著名品牌，代表着高质量的工程，也代表着来自中国人的勤劳、友谊与合作。

本书的不足与后续研究

（1）不足

本书从跨文化适应和复杂自适应系统理论的角度分析了我国海外工程项目在跨文化经营中所面临的文化冲突与文化风险，提出了跨文化管理的理论研究框架，并在此基础上建立了我国海外工程项目跨文化适应的内部管理机制与外部协调机制。把CAS 理论应用到海外工程项目跨文化管理的研究中，这是一个尝试。但因为时间仓促，本书在很多方面的探讨还不够深入，存在一些不足：

①跨文化适应理论在海外工程项目中应用的维度分析、理论模型还缺少进一步的实例佐证。本书只是从理论分析的基础上得出了海外工程项目在团队文化、人力资源、组织沟通与领导决策四个维度上实现跨文化适应，结合探索期、冲突期、交汇期、融合期四个阶段，建立了海外工程项目跨文化适应的理论模型，还缺少进一步的实证分析与量化研究。

②对复杂自适应系统的运行机制描述还不够精确。本书只是从理论上分析了复杂自适应系统实现自适应的内外动因，在

此基础上建立了海外工程项目跨文化适应的模型，但对其内部如何实现学习、组织与适应，外部如何实现与环境的交互作用，分析还不够深入，还没有建立起精确的数学模型。

（2）后续研究

跨文化管理问题是关系海外工程项目经营成败的重要因素，关于这一问题的研究也将会越来越深入系统。跨文化适应理论与复杂自适应系统理论的结合，为我们研究海外工程项目的跨文化管理提供了一个崭新的思路。本书基于这一理论视角构建的海外工程项目跨文化适应机制只是一个初步的尝试，在许多方面都还有待完善，其中也难免有谬误之处。但我们相信，从这一角度出发，还有很长的路要走。或许竹径通幽，前面会有一片广阔的天地。

在理论上，复杂自适应理论与跨文化适应的结合，应该更趋完善缜密：

①自适应主体概念特性的描述应更加清晰。

②应建立起更加精确的数学模型，对跨文化适应中的复杂自适应系统层次演化机制、预期反应机制与环境创造机制有更加直观准确的描述。

③跨文化适应的过程及表现将更加线性化、量化，文化整合更具可控性。

④关于混沌边缘的 CAS 相变研究将更加深入。

在实践上，这两个理论对海外工程项目跨文化管理的意义将更加明显，应用也更加广泛：

①海外工程项目的组织模式将充分遵循自适应型团队的要求，更好地激发广大员工的积极性、创造性，形成良好的学习与交流氛围；海外工程项目的领导决策机制将更趋人性化。

②团队文化与东道国文化、企业母国文化之间的差异将越来越小。

③在人力资源方面，我国将涌现出一大批熟悉异国文化、了解涉外经营的人才。

④母国本部、母国政府与东道国也将实现更好的交流与适应。

随着我国海外工程项目跨文化管理机制的不断完善，文化因素给海外经营带来的不利因素将越来越少；消除文化差异障碍，达到本土化国际化的经营境界，将是海外工程项目跨文化管理的目标所在。

参考文献

1. 刘玉峰. 国际工程项目组内部矛盾和冲突的成因与对策 [J]. 重庆大学学报, 2006 (7).

2. 杨焰, 王鹤文. 国际工程项目管理的实践和我们的差距 [J]. 建设监理, 2004.

3. 杨国民, 周钢. 我国进入国际工程承包世界前六 [N]. 经济日报, 2006 - 05 - 08.

4. 李峰. 企业自适应能力管理集成研究 [D]. 武汉: 武汉理工大学, 2006.

5. 张青林. 项目管理国际化之路——总承包项目管理[R]. 国际工程项目管理高峰论坛, 2004.

6. 曾政辉. 跨文化管理文献综述 [J]. 大众科技, 2006 (6).

7. 陈红儿, 孙卫芳. 跨国公司跨文化管理研究综述 [J]. 湖北经济学院学报, 2007 (4).

8. 吴涛. 建筑业产业国际化与项目经理国际化 [J]. 中国建设信息, 2004 (2).

9. 张利斌. 基于复杂自适应系统视角的企业核心刚性研

究 [D].华中科技大学，2005.

10. 冯德雄.企业适应性成长文化 [D].武汉：武汉理工大学，2003.

11. 何佰洲.工程建设法规与案例 [M].北京：中国建筑工业出版社，2005.

12. 江小国.跨国经营中文化的影响及跨文化适应的探讨 [J].市场论坛，2006（02）

13. 林忠，金延平.人力资源管理 [M].大连：东北财经大学出版社，2006.

14. 李品媛.管理学 [M].大连：东北财经大学出版社，2005.

15. 谭志松.国外跨文化心理适应研究评述 [J].湖北民族学院学报：哲学社会科学版，2005（6）.

16. 王立国.项目管理教程 [M].北京：机械工业出版社，2008.

17. 王真.基于复杂系统理论的企业组织和谐变革研究 [D].天津：河北工业大学，2005.

18. 徐莉.跨国经营中的文化冲突问题和跨文化管理策略 [J].南京财经大学学报，2006（06）.

19. 岳洁.东西方文化差异与中外合资企业跨文化管理 [D].北京：对外经济贸易大学，2003.

20. 查京民.国际工程总承包项目管理 [M].北京：化学工业出版社，2006.

21. 程雪婷.基于 CAS 理论的石油企业适应性机制研究 [D].哈尔滨：哈尔滨工业大学，2006.

22. 崔佳颖.组织的管理沟通 [M].北京：中国发展出版社，2007.

23. 周三多，陈传明.管理学 [M].北京：高等教育出版社，2000.

24. 张青林. 领导文明与建筑业［M］. 北京：建筑工业出版社，2006.

25. 宋伟. 项目组织与团队管理［M］. 北京：机械工业出版社，2007.

26. 杰克·吉多、詹姆司斯·P. 克莱门斯. 成功的项目管理［M］. 张金成，译. 北京：机械工业出版社，2005.

27. 查尔斯·汉普登·特纳，弗恩斯·特朗皮纳斯. 跨文化人员管理［M］. 刘现伟，等，译. 北京：经济管理出版社，2005.

28. 乔恩特. 跨文化管理［M］. 卢长怀，等，译. 大连：东北财经大学出版社，2003.

29. 韩承敏. 跨文化人力资源开发与管理［M］. 南京：东南大学出版社，2003.

30. 李国军. 国际项目管理［M］. 北京：国家行政学院出版社，2006.

31. 杰弗里·S. 哈里森，卡伦·H. 圣约翰. 战略管理精要［M］. 陈继祥，等，译. 大连：东北财经大学出版社，2006.

32. 国际经济学中的博弈论［M］. 高明，等，译. 北京：北京大学出版社，2004.

33. 特雷弗·L. 扬. 项目管理［M］. 夏厦，等，译. 大连：东北财经大学出版社，2007.

34. 特纳. 项目中的合同管理［M］. 戚安邦，等，译. 天津：南开大学出版社，2005.

35. 郭波，谭云涛，等. 项目风险管理［M］. 北京：电子工业出版社，2008.

36. 马述中，廖红. 国际企业管理［M］. 北京：北京大学出版社，2007.

37. 任平均. 公司如何提升组织的项目管理能力 ［M］. 天津：南开大学出版社，2004.

38. 李小冬. 中国建筑业组织及其合理化研究 ［M］. 北京：中国水利水电出版社，知识产权出版社，2006.

39. 张兴野. 中国建筑业人力资源整体开发的研究 ［M］. 北京：中国建筑工业出版社，2004.

40. 张兵. 基于 CAS 理论的企业可持续发展研究 ［D］. 天津：河北工业大学，2003.

41. 王中阳，张怡. 复杂自适应系统（CAS）理论的科学与哲学意义 ［J］. 东华大学学报，2007（3）.

42. 陈禹. 复杂自适应系统（CAS）理论及其应用——由来、内容与启示 ［J］. 系统辩证学学报，2001（4）.

43. 张丹松，牛文学. 基于 CAS 理论的供应链系统分析 ［D］. 广州：华南理工大学，2005.

44. 张兵，曾珍音，李艳双. 基于 CAS 理论的企业可持续发展的动态支撑机制研究 ［D］. 天津：河北工业大学，2004.

45. 葛永林，徐正春. 论霍兰的 CAS 理论——复杂系统研究新视野 ［J］. 系统辩证学学报，2002（3）.

46. 吴绍艳，杜纲. 基于 CAS 理论的企业动态能力构建机理研究 ［J］. 北京科技大学学报，2005（4）.

47. 汤智. 自适应：基于 CAS 理论的专业特性分析 ［J］. 辽宁教育研究，2007（9）.

48. 孙璐，孙文琪. 用 CAS 理论分析供应链管理系统［J］. 商业研究，2006（2）.

49. 李玉玲，吴祈宗. 虚拟企业的演化与 CAS 理论 ［J］. 企业管理，2007（22）.

50. 安世民. 论在企业管理中应用 CAS 理论的必要条件 ［J］. 天水师范学院学报，2008（4）.

51. 曲红．基于 CAS 理论的研发项目组织管理模式研究［J］．学术界，2007.

52. 闫方涛．中国企业跨文化管理问题研究［D］．上海：华东师范大学，2007.

53. 孙佩敏．研发项目中的跨文化管理：实证分析［D］．上海：上海交通大学，2007.

54. 李建欣．跨国企业的跨文化管理研究［D］．哈尔滨：哈尔滨工程大学，2004.

55. 李静．跨文化企业跨文化管理问题研究［D］．哈尔滨：东北林业大学，2003.

56. 霍晓荣．我国境外经营企业的跨文化管理问题研究［D］．保定：河北大学，2003.

57. 刘喜怀，段万春．对跨国公司进行跨文化管理的重要性研究［D］．昆明：昆明理工大学，2004.

58. 张云峰，于晓东．跨国公司的跨文化管理［J］．中国外资，2004（1）.

59. 陈巧霞．跨国公司跨文化管理的本土化策略［J］．科技与管理，2006（6）.

60. 陆玮．大亚湾核电跨文化管理研究［D］．武汉：华中科技大学，2005.

61. 艾岚．跨国经营企业跨文化管理研究［D］．石家庄：河北经贸大学，2005.

62. 陈海花．国际营销中的文化风险［J］．江苏商论，2004（10）.

63. 杜红，王重鸣．外资企业跨文化适应模式分析：结构方程建模［D］．杭州：浙江大学，2001.

64. 蔡建生．跨文化生存［M］．广州：南方日报出版社，2004.

65. 张素峰. 国际化经营与跨文化管理 [J]. 长江论坛, 2003 (4).

66. 黄年根. 国际企业的跨文化管理 [J]. 南方冶金学院学报, 2003 (3).

67. 胡宗华. 跨文化管理的创新策略 [J]. 企业改革与管理, 2003 (8).

68. 彭绪娟. 关于代建制约束——激励机制问题的探讨 [J]. 建筑经济, 2007 (7).

69. 彭绪娟. 在建筑业实施职业资格制度的探讨 [J]. 消费导刊, 2007 (11).

70. 谢宁铃. 台湾大陆合资企业跨文化管理分析 [J]. 引进与咨询, 2004 (7).

71. 卢岚, 赵国杰. 跨文化管理初探 [J]. 工业工程与管理, 1999 (3).

72. 黎伟. 跨文化企业管理初探 [J]. 四川大学学报：哲学社会科学版, 2001 (1).

73. 项国鹏. 1+1>2：跨文化管理的协同效应 [J]. 经营与管理, 2001 (6).

74. 任裕海. 论跨文化适应的可能性及其内在机制 [J]. 安徽大学学报：哲学社会科学版, 2003 (1).

75. 丁永健. 复杂系统中的企业战略问题研究 [D]. 大连：大连理工大学, 2002.

76. 刘玉杰. 国际工程承包战略管理研究 [D]. 天津：天津大学, 2006.

77. 杰夫·拉索尔, 迈克尔·伯瑞尔. 国际管理学——全球化时代的管理 [M]. 张新胜, 等, 译. 北京：中国人民大学出版社, 2002.

78. 陈小燕. 基于 CAS 理论的企业与环境协同进化研

究［D］.天津：河北工业大学，2005.

79. 陈思维，姚天海. 国际工程对项目经理的素质要求［D］.武汉：武汉大学，2005.

80. 克拉克. 管理思想全书［M］.北京：九州出版社，2001.

81. 苏珊·施奈德，简·路易斯. 跨文化管理［M］.北京：经济管理出版社，2002.

82. 庄锡昌. 多维视野中的文化理论［M］.杭州：浙江人民出版社，1987.

83. 杨钦. 跨国项目团队的跨文化管理研究［D］.武汉：武汉大学，2005.

84. 王广山. 国际工程项目中的人力资源管理研究［D］.天津：天津大学，2004.

85. 汤堃. 企业跨文化管理及其运作策略［D］.武汉：武汉理工大学，2006.

86. 范集湘. 实施走出去战略，积极开拓国际市场［J］.中国水利，2004（5）.

87. 胡军. 跨文化管理［M］.广州：暨南大学出版社，1995.

88. 安妮·玛丽·弗朗西斯科，巴里·艾戈尔德. 国际组织行为学［M］.北京：中国人民大学出版社，2003.

89. 侯艳虹. 外资企业跨文化管理沟通研究［D］.西安：西安电子科技大学，2005.

90. 干勤. 跨国公司拓展海外市场的公共关系战略与策略［J］.西南民族学院学报：哲学社会科学版，2001，22（8）.

91. 唐智明. 国际工程承包企业核心竞争力形成与发展研究［D］.西安：西安建筑科技大学，2007.

92. 韩涛. 国际工程承包对中国经济发展的影响［D］.天

津：天津财经大学，2007.

93. 刘玉杰. 国际工程承包战略管理研究［D］. 天津：天津大学，2006.

94. 郑谦. 提高国际工程项目经济效益的途径研究［D］. 北京：对外经济贸易大学，2006.

95. 王宗敏. 我国国际工程承包风险管理研究［D］. 南京：河海大学，2006.

96. 彭未名，梁瑜. 文化冲突危机的跨文化管理思考［J］. 广东外语外贸大学学报，2007（04）.

97. 吴燕霞. 文化冲突与跨文化管理［J］. 福建省委党校，2004（12）.

98. 肖伟，魏庆琦. 虚拟团队跨文化特征分析与管理策略研究［J］. 重庆交通学院学报，2006（1）.

99. 徐京哲. 中西文化下的管理融合［D］. 郑州：河南大学，2007.

100. 赵丽君. 跨国经营的文化支持研究［D］. 秦皇岛：燕山大学，2005.

101. 纪莉. 跨文化管理中的文化适应过程与模式研究［D］. 大连：大连海事大学，2005.

102. 历冬风. 跨文化适应过程中的文化休克现象［D］. 大连：辽宁师范大学，2003.

103. 李朝辉. 浅层文化中断与深层文化中断［D］. 北京：中央民族大学，2004.

104. 董萃. 跨文化适应：异域文化中的二次成长［D］. 沈阳：沈阳师范大学，2005.

105. 严文华. 跨文化适应与应激、应激源研究：中国学生、学者在德国［D］. 上海：华东师范大学，2007.

106. 范征，张灵. 试论基于动态平衡模型的跨文化培

训 [J]. 外国经济与管理, 2003 (5).

107. 唐宁玉, 洪媛媛. 文化智力: 跨文化适应能力的新指标 [J]. 中国人力资源开发, 2005 (12).

108. Luo Yalong, Mike W Peng, Learning to Compete in Transition Economy: Experience Environment and Performance [J]. Journal of International Business Studies, 1999 (2): 56 – 58.

109. Bymaic. Impact of Culture on Organization [J]. Macau Foundation, 1996 (5): 77 – 79.

110. Fons Trompenaars, Charles Hampden – Turner. Riding the Waves of Culture, Understanding Cultural Diversity in Business [M]. London: Nicholas Brealey Publishing, 1998: 29 – 30.

111. Hofstede G. Riding the Waves of the Commerce: A Test of Trompenaars' Modle of National Culture Differences [J]. International Journal of Inter – cultural Review, 1996, 20 (2): 188 – 192.

112. Hofstede G. Culture's Consequences: International Differences in Work Related Values [M]. Sage: Beverly Hills, 1980.

113. Hoecklin L. Managing Cultural Differences: Strategies for competitive advantage [M]. London: Economist Intelligence Unit/Addison Wesley, 1995.

114. Krishna K, Helgstrand, Alice F Stuhlmacher. National Culture: an influence on Leader Evaluations [J]. The Journal of Organizational Analysis, 1999, 7 (2): 154 – 165.

115. Linda C Ueltschy, Robert F Krampf, Peter Yammopoulos. A Cross – National Study of Perceived Consumer Risk Towards Online (Internet)) Purchasing [J]. Multinational Business Review, 2004, 12 (2): 60 – 71.

116. Sevesti Kessapidou, Nikos C Varsakelis. The Impact of

National Culture on International Business Performance: the Case of Foreign Firms in Greece European [J]. Business Review, 2002, 14 (2): 270 – 275.

117. S Dasidson W H. Creating and Managing Joint Venture in China, California [J]. Management Review, 1986 (4): 77 – 94.

118. Li Dongfeng. Viewing Culture Shock in the Process of Cross – cultural Adaptation [D]. Liaoning Normal University, 2006.

119. Kim Y Y. Cross – cultural Adaptation: Axioms. Selected Readings in InterculturalCommunication [M]. Xi'an: Xi'an Jiao Tong University Press, 2004.

120. Weaver Gary R. Understanding and Coping with Cross – cultural Adjustment Stress. Culture, Communication and Conflict [M]. Boston: Pearson Publishing, 2000: 177 – 194.

121. Melvin F Shakunl. Consciousness, Spirituality and Right Decision Negotiation in Purposeful Complex Adaptive Systems [J]. Group Decision and Negotiation, 1999 (01): 1 – 15.

122. Buckley Peter J, Casson Mark. An Economic Model of International Joint Venture Strategy [J]. Journal of International Business Studies, Special Issue, 1996 (1), 95 – 97.

123. Akira Namatamel, Takanori Sasakil. Self – organization of Complex Adaptive Systems as a Society of Rational Agents [J]. Artificial Life and Robotics, 1998 (04): 189 – 195.

124. Ylvie Cheerier. Cross – culture Management in Multinational Project Groups [J]. Journal of World Business, 2003 (38), 141 – 149.

125. John H Holland. Studying Complex Adaptive Systems [J]. Journal of Systems of Science and Complexity, 2006 (01): 1 – 8.

后　记

　　本书是在我的博士论文的基础上修改而成的。

　　经过两年多漫长的材料搜集整理与艰苦的伏案写作，本书终于完成了。在我的心头，并没有先前梦想中的欢欣鼓舞，也没有如释重负的洒脱，更多的，则是一种沉甸甸的感觉，挥散不去，萦绕心中。

　　2002 年 10 月，我的丈夫远赴南美洲的苏里南参加当地的道路工程修建。从那时起，我便开始了对我国海外工程项目发展状况的关注。2005 年，我有幸师从何佰洲教授。在导师的指导下，我对海外项目的发展有了更深入系统的认识。经过两年多的酝酿与探索，能够从跨文化适应与复杂自适应系统理论的角度，对我国海外工程项目的跨文化管理提出新的思路与机制，这是一个令我欣慰的收获。然而，学海无涯，随着对这一问题研究的深入，我也越加地发现自己知识的浅薄。在茫茫知识海洋里，或许我所看到的只是几朵小小的浪花。我国海外工程项目未来的跨文化发展研究，还有很长的路要走。我将一如既往地在这一领域继续学习与探求，力图做出更新的研究，为我国的海外项目发展作出一点微薄贡献。这，是一个沉甸甸的使命。

在我攻读博士学位期间，我的导师何佰洲教授非常关心我的学业。导师教给我终身受益的研究方法，使我在面对纷繁芜杂的问题时能抓住问题的核心；导师教育我做事首先在于做人，他对学生诲人不倦的敬业精神、对真理孜孜以求的探索精神、对事业甘之如饴的奉献精神将影响我的一生。感谢胡祥培教授、刘伊生教授、吴伟教授、武献华教授、王立国教授、马秀岩教授、林忠教授、梁世连教授、李品媛教授等专家。他们对本书提出了许多建设性的意见，纠正了我的研究误区，是本书得以顺利完成的重要因素。感谢武献华教授、王立国教授、王全民教授等在我攻读博士期间的传道授业，使我受益良多。东北财经大学是我攻读学士、硕士、博士的母校，我在这里度过了13年的难忘时光，沐浴着诸位恩师的关怀与教诲。受恩如山，不敢言谢，我将以加倍的努力回报母校，回报恩师。这，是一份沉甸甸的师恩。

我要感谢我的领导与同事。感谢于洪平院长、王觉副院长的关怀与支持，感谢于成国教授对本书提出的宝贵意见及几年来对我工作的指导与帮助，也感谢于江、李飞、李淼、刘丽君、甄红线等老师的帮助。在我写作本书期间，学院领导、诸位同事给予我极大的理解与支持，同事们替我分担了很多工作，使我能够心无旁骛地投入写作。感谢师门同窗王红岩、刘禹、郑边江、郑宪强、孙杰、赵雪凌、王卉、杨智璇及好友黄金芳、杨益苗等的帮助和鼓励。也要感谢我的学生们在我写作期间给予我的理解。一句问候的话语，一个会心的微笑，都使我铭记终生。这，是一种沉甸甸的友情。

我还要感谢我的家人。看着父母为我们早起晚睡地操劳，脸上新添的皱纹、头上巍巍的白发，我常常要落泪：女儿这么大了，还离不开父母的庇护。谁言寸草心，报得三春晖！我的妹妹彭绪梅经常放下自己手头的工作，帮我复印资料、打印稿件。有时熬夜到凌晨，任劳任怨，衣带渐宽终不悔。我的丈夫武琼先生从苏里南为我提供了第一手的实践资料。他始终关注着我的学术研究进展情况，在国外时经常打电话询问我的写作进度，回国后主动承担起家务，牺牲休假时间从实践角度指点我的写作。这，是一份沉甸甸的亲情。

　　本书不仅仅是我几年心血的结晶，更是师恩、友情、亲情培育的结果。我的每一步成功与进取，都离不开我的恩师的培养，离不开我的领导、同事、朋友的支持，离不开我的家人的帮助。我何其幸运，出生于这样一个峥嵘的时代，遇到这样宽厚仁德的恩师、这样和谐友善的同仁、这样慈祥关爱的家人。我只有以加倍的努力、加倍的爱心、加倍的奉献回馈社会，回报亲恩。

彭绪娟

后记